Wat **EEN** u
INLICHTINGENDIENST nooit zal
vertellen: 60 belangrijke feiten

Carolina Ramírez

@MujerSeguridad

2024

INDEX

Proloog
Presentatie
Invoering
Hoofdstuk 1: De wereld van inlichtingendiensten
- Waar zijn inlichtingendiensten voor?
- Spionage, het op een na oudste beroep ter wereld
- Waarde van intelligentie: data zijn de nieuwe olie
- *Boeken | films en series – 60 belangrijkste feiten*

Hoofdstuk 2: De pijlers van intelligentie
- Informatie verzamelen
- Gegevensanalyse
- Intelligentie generatie
- *Boeken | films en series – 60 belangrijkste feiten*

Hoofdstuk 3: Inlichtingenoperaties en mondiale veiligheid
- Contraspionage
- Terrorismebestrijding
- Cyberintelligentie
- *Boeken | films en series – 60 belangrijkste feiten*

Hoofdstuk 4: Uitdagingen, controverses en ethische dilemma's
- Innovatieve methoden in inlichtingenbeheer
- Big *data* en data-analyse
- Metadata en Big Data: overeenkomsten en verschillen
- *Boeken | films en series – 60 belangrijkste feiten*

Hoofdstuk 5: Intelligentie, transparantie en verantwoording
- De macht is niet onbeperkt en inlichtingendiensten weten dat
- Monitoring van elektronische communicatie: het goede, het mooie en het lelijke
- Metadata en Big Data: de uitdaging van gegevenstoegang en -beheer
- *Boeken | films en series – 60 belangrijkste feiten*

Hoofdstuk 6: Intelligentie is in de mode
- Kansen voor mensen met talent in data-analyse
- Geef uw carrière een boost met online trainingsbronnen
- Ontgrendel uw toekomst met beurzen en faciliteiten

EXTRA BONUS: 60 belangrijke feiten die ze je nooit zullen vertellen
- Hoe u volledige boeken gratis kunt lezen en downloaden
- Hoe je gratis volledige films en series kunt bekijken
- Toepassingen en andere bronnen

Conclusie

PROLOOG

Met deze gedurfde en moedige publicatie van de veiligheidsprofessional Carolina Ramírez, of zoals ze in onze samenleving terecht wordt genoemd, '**The Security Woman**', maakt ze iedereen die het werkelijke belang van de georganiseerde samenlevingen begrijpt, beschikbaar. de instrumenten om alles te begrijpen en te analyseren wat te maken heeft met de verborgen delen van de successen of mislukkingen in het veiligheidsbeleid van de landen die de democratie als regime hebben.

In haar werk richt Dr. Ramírez Herrera zich op de verschillende historische processen die hebben geleid tot de aanpassing van de instrumenten van de inlichtingendiensten van staten met politieke regimes, die zich steeds meer inzetten voor de bescherming van de mensenrechten en de verantwoordingsplicht. Op dezelfde manier benadrukt het het belang van goede en efficiënte veiligheidsdiensten, om de fundamenten die landen ondersteunen stevig te houden, klaar om de nieuwe dreigingen het hoofd te bieden die opdoemen over elk van de landen die hun rol spelen op het wereldtoneel.

Dit werk wordt een sleutelstuk, dat momenteel als een perfect schaakbord de inspanningen van een goede inlichtingenanalyse in overeenstemming met de initiatieven van elk land, in relatie tot zijn belangen en het bereiken van nationale doelstellingen, samenvoegt.

Gesteund door haar kwaliteit en professionele ervaring, roept Carolina ons op om alles wat ze in haar 274 pagina's (die ik op een zondagmiddag heb kunnen lezen) aan te vullen met een compilatie van "Aanvullende bronnen" die het volgende bevat:

- **26** Aanbevolen boeken
- **25** voorgestelde films
- **25 series** die je gezien moet hebben
- **05** Trainingsportalen
- **23** Beurzenplatforms
- **60 Platforms en portalen** voor films, series, boeken, tools en *software*.

We hebben een soort logboek in onze handen dat dient om reflecties te raadplegen, analyseren en uit te lokken die bij de lezer hun eigen criteria smeden over het belang van deze instrumenten, die, wanneer ze op de juiste manier worden gebruikt, het mogelijk zouden maken de doelstellingen van de inlichtingendiensten te bereiken. effectiever, ten behoeve van onze naties en iedere burger in het bijzonder.

Admiraal (r) Sigfrido Pared Pérez, ARD

PRESENTATIE

Maak je klaar om je te verdiepen in de intrigerende wereld van inlichtingendiensten met " What an Intelligence Agency Will Never Tell You: 60 Key Facts "! Dit boek is niet alleen bedoeld voor degenen die bekend zijn met het veiligheidsveld, maar gaat veel verder. Het is bedoeld om leiders, opiniemakers en nieuwsgierige burgers te bereiken die de cruciale rol willen begrijpen die deze instanties spelen in onze dynamische en steeds evoluerende wereld.

De auteur, Carolina Ramírez, ook bekend als @mujersecurity, combineert haar ervaring van meer dan twintig jaar op het gebied van veiligheid met een praktische en toegankelijke aanpak om het complexe universum van inlichtingendiensten te demystificeren. Met de toegevoegde waarde van deze **60 belangrijkste feiten die u moet weten** , biedt de tekst een uniek en onthullend beeld van hoe deze instanties rechtstreeks onze veiligheid, privacy en de dagelijkse besluitvorming van elke belangrijke wereldleider beïnvloeden.

Maar dit boek gaat verder dan louter informatie. Het is een hulpmiddel dat u als leidraad kunt gebruiken, een hulpmiddel om uw vaardigheden en uw begrip van de wereld om ons heen te versterken. Elk belangrijk stukje informatie is een deur naar diepere kennis, een kans om na te denken over de transcendente rol die deze instanties spelen in de samenleving en in ons leven.

Bereid je dus voor op een reis van leren, curiosa en ontdekkingen die je percepties zullen uitdagen en je ogen zullen openen voor deze wereld die voor velen verborgen blijft, vol praktische en toegankelijke bronnen, waar je legaal van kunt profiteren in je dagelijkse leven. leven en professioneel.

Doe mee aan deze spannende verkenning en ontdek wat er werkelijk gebeurt achter de gesloten deuren van inlichtingendiensten!

INVOERING

Ik heet u welkom bij **"Wat een inlichtingendienst u nooit zal vertellen: 60 belangrijke feiten** ." Dit boek is een venster op een intrigerende en complexe wereld die fundamentele aspecten van ons dagelijks leven beïnvloedt. Mijn naam is Carolina Ramírez, bekend als @mujerseguro, en het is een genoegen om jouw gids te zijn op deze ontdekkingsreis.

Het idee is om je een informeel gesprek voor te stellen op een aangename plek, genietend van een goede kop koffie, terwijl ik antwoorden probeer te geven op enkele veel voorkomende twijfels en zorgen over inlichtingendiensten. Mijn doel is **om het complexe te vereenvoudigen** , deze duizendkoppige monsters te demystificeren, zonder de diepgang op te offeren die je verdient, en je een hulpmiddel aan te bieden waarmee je kunt begrijpen hoe hun acties de besluitvorming beïnvloeden die hele naties raakt.

De afgelopen twintig jaar heb ik mijn carrière gewijd aan het begrijpen hoe deze instanties de mondiale veiligheid van landen vormgeven. Nu wil ik alles wat ik heb geleerd met u delen, **in duidelijke en toegankelijke taal** .

Het gaat niet alleen om feiten en cijfers, maar om inzicht in hoe de acties van deze instanties een tastbare impact hebben op ons dagelijks leven. Van het veilig houden van onze gemeenschappen tot het beschermen van onze persoonlijke informatie: deze organisaties spelen een cruciale rol die vaak onopgemerkt blijft.

Op deze pagina's nodig ik je uit om samen met mij de minder bekende aspecten van deze mysterieuze organismen te verkennen, waarbij ik een **praktische en nauwe benadering hanteer** . Dit boek is niet alleen een passief leesmiddel, maar een hulpmiddel dat u in staat stelt de wereld van intelligentie beter te begrijpen en voordeel te halen uit de kansen die een winstgevende en bevredigende carrière u kan bieden.

Als extra bonus onthul ik je in een speciaal hoofdstuk de **60 belangrijkste feiten die** een inlichtingendienst je nooit zal vertellen. Met deze informatie krijgt u legaal en gratis toegang tot een breed scala aan boeken, films, series, beheertools en andere toepassingen. Bovendien ontdekt u online digitale televisiediensten, streaming van sportevenementen en andere aanvullende bronnen die uw kennis en entertainment zullen verrijken zonder ook maar één cent uit te geven.

Laten we beginnen aan deze reis van leren en ontdekken!

HOOFDSTUK 1: DE WERELD VAN INTELLIGENTIE-INFORMATIES

Inlichtingendiensten opereren in een soort parallel universum, een wereld waar informatie het krachtigste wapen is en schaduwen belangrijker zijn dan licht. Te midden van deze chaos worden geheimen beschermd die het lot van hele naties bepalen.

In dit hoofdstuk zal ik je de essentie van deze mysterieuze organismen onthullen, waarbij ik hun definitie, functie en evolutie door de geschiedenis heen onderzoek, en hun belang in de huidige mondiale context. En alsof dit nog niet genoeg is, zul je verrast zijn hoe ze de menselijke natuur beïnvloeden. je dagelijks leven.

Waar zijn inlichtingendiensten voor?

Hoe weten leiders wat ze moeten doen in moeilijke situaties in een wereld waar informatie macht is? Inlichtingendiensten, die centra van strategische kennis en bewakers van de nationale veiligheid spelen een cruciale rol in het complexe bestuur van het geopolitieke spel. Ze verschaffen tijdig **belangrijke informatie** die leiders helpt **weloverwogen beslissingen te nemen voor** de veiligheid van de staat en zijn burgers.

Wat zijn inlichtingendiensten eigenlijk en wat is hun rol in de wereld van de nationale en internationale veiligheid? Deze organisaties zijn de ogen en oren van een land, verantwoordelijk voor **het verzamelen**, **analyseren** en **verwerken** van cruciale informatie voor het nemen van strategische beslissingen. Van het voorkomen van terroristische dreigingen tot het beschermen van nationale belangen: hun werk is essentieel voor de **veiligheid** en **stabiliteit** van een natie.

Zijn rol gaat echter verder dan alleen het verzamelen van gegevens. Het zijn een soort ambachtslieden die verspreide informatie omzetten in bruikbare en bruikbare inlichtingenrapporten voor **politieke**, **militaire** en **politieleiders**. Zij fungeren als de eerste verdedigingslinie in de strijd tegen de georganiseerde misdaad, terrorisme en andere dreigingen waar ook ter wereld.

Bij alle belangrijke beslissingen die dagelijks in uw land worden genomen, hebben zij rekening gehouden met rapporten van deze organisaties. Van het verzamelen van informatie tot het analyseren en produceren van inlichtingen, deze agenten werken onvermoeibaar en blijven op een laag pitje om de nationale belangen te beschermen en de veiligheid en het welzijn van de bevolking te garanderen. Ze zijn als deskundige barista's die minutieus **een perfecte koffie bereiden** en de juiste ingrediënten combineren voor het best mogelijke resultaat, ook al ziet de klant die ervan geniet hun gezicht misschien nooit.

Hoewel het in stand houden van deze agentschappen aanzienlijke kosten met zich meebrengt, is de waarde die zij bieden niet te overzien. Uiteindelijk zijn de uitgaven voor inlichtingen een investering in de stabiliteit en veiligheid van de samenleving, en het ontbreken ervan zou veel meer kunnen kosten, zowel in economisch opzicht als in mensenlevens. Hoewel het debat over de financiering ervan terecht is, is de vraag dus niet of we het ons kunnen veroorloven ze te behouden, maar of we het ons kunnen veroorloven om dat niet te doen .

Dus, de volgende keer dat u het nieuws leest of over belangrijke politieke beslissingen hoort, bedenk dan dat er achter dit alles mensen staan die dag en nacht werken om ons veilig te houden. Ze zijn als die betrouwbare metgezel die er altijd is als je ze nodig hebt, maar hun werk is veel groter en heeft impact op de hele samenleving. Laten we daarom onze erkenning uitbreiden voor het waardevolle werk dat door de inlichtingendiensten in elk land wordt verricht.

Spionage, het op een na oudste beroep ter wereld

De geschiedenis van inlichtingendiensten is fascinerend en strekt zich uit van de oudheid tot het huidige digitale tijdperk. Van handmatige strategieën tot innovatieve technologieën: elke fase heeft een onuitwisbare stempel gedrukt op de manier waarop landen informatie zoeken en gebruiken om hun veiligheid te garanderen en hun belangen te beschermen.

Van de ingenieuze tactieken van **Sun Tzu** in het oude China tot de kunsten van de Romeinse militaire inlichtingendienst: de zoektocht naar informatie voor strategische beslissingen is een constante erkenning door meesters van de geschiedenis. Deze interesse in data is de rode draad geweest die de inlichtingennetwerken in de loop van de tijd heeft gedefinieerd.

In oude bijbelverhalen illustreren intrigerende episoden het gebruik van spionage, intelligentie en geheime missies bij het nastreven van goddelijke en aardse doelen. Te beginnen met **Jozef** die zijn broers ervan beschuldigde spionnen te zijn, **Mozes** die op missies stuurde en inlichtingenrapporten ontving van **Jozua en Kaleb** , of de prostituee **Rachab** die onderhandelde over bescherming, in een gezamenlijke operatie, tussen de eerste en tweede oudste beroepen – **prostitutie en spionage**

Een overtuigend voorbeeld neemt ons mee naar het oude Griekenland, waar de tiran Histiaeus op een innovatieve manier **cryptografie gebruikte** door een boodschap op het hoofd van zijn slaaf te tatoeëren om een geheime boodschap te sturen naar zijn landgenoten in Miletus, in het hedendaagse Turkije.

Figuren als **Mata Hari** , de beroemde danseres en spion uit de Eerste Wereldoorlog, of de sluwe **Francis Walsingham** , *spionnenmeester* van koningin Elizabeth I, speelden een hoofdrol in afleveringen die spanning en realiteit vermengden. Deze spionagepioniers hebben de weg vrijgemaakt voor de complexe moderne inlichtingendiensten die we vandaag de dag kennen.

Een andere iconische aflevering die de vindingrijkheid en impact van intelligentie in de 20e eeuw illustreert, neemt ons mee naar Bletchley Park tijdens de Tweede Wereldoorlog. Onder leiding van **Alan Turing** slaagde een groep wiskundigen en cryptanalisten erin de codes van de **Enigma- machine** , die door de nazi's werd gebruikt, te ontcijferen. Deze mijlpaal in de cryptanalyse veranderde niet alleen de loop van de oorlog, maar benadrukte ook hoe technologie een drijvende kracht werd in de evolutie van intelligentie.

De proliferatie van verbonden apparaten en de verspreiding van digitale platforms tijdens de revolutie van de 21e eeuw hebben de samenleving diepgaand getransformeerd. Deze verandering heeft ook het landschap voor veiligheidsdiensten opnieuw gedefinieerd, die gedwongen zijn hun vermogen om enorme hoeveelheden gegevens te verwerken te verbeteren. Deze context leidde tot de opkomst van de National Security Agency (NSA) in de Verenigde Staten, op een kritiek moment waarop het ethische en strategische dilemma van het beschermen van de natie met respect voor de individuele vrijheden voelbaar werd.

Dit nieuwe millennium laat ons kennismaken met de onthullingen van **Edward Snowden** , die als NSA-contractant geheime documenten ontdekte. Deze documenten lieten de duistere kant zien van grootschalige elektronische surveillanceprogramma's, waardoor cruciale vragen opkwamen over het delicate evenwicht tussen nationale bescherming en individuele rechten.

Het traject van de inlichtingendiensten heeft voortdurend belangstelling gewekt onder degenen die door deze onderwerpen gefascineerd zijn. Beginnend met de handmatige strategieën van weleer tot aan het digitale tijdperk dat ons heden kenmerkt, heeft elke fase een onuitwisbare stempel gedrukt op de manier waarop landen informatie zoeken en gebruiken voor hun veiligheid en het beschermen van hun belangen.

Elk geanalyseerd geval vertegenwoordigt een belangrijke mijlpaal in de cultuur van deze organisaties. De historische episoden benadrukken het grote belang van aanpassingsvermogen en innovatie op het gebied van intelligentie door de eeuwen heen. De lessen die zijn geleerd, of het nu in Bletchley Park is bij het kraken van Enigma of bij de onthulling van elektronische surveillanceprogramma's door Edward Snowden, onderstrepen de voortdurende noodzaak om te evolueren en de veranderende uitdagingen van de mondiale omgeving het hoofd te bieden.

Het verkennen van deze complexe evolutie verbindt ons niet alleen met het verleden, maar werpt ook licht op de context waarin inlichtingendiensten vandaag de dag opereren. Deze reis herinnert ons aan het belang van aanpassingsvermogen, innovatie en ethiek in een wereld waar informatie van onschatbare waarde is en data de nieuwe olie.

Waarde van intelligentie: data zijn de nieuwe olie
In een steeds meer onderling verbonden en gevaarlijke wereld is het belangrijker dan ooit om te begrijpen hoe inlichtingendiensten werken. Het vermogen van het land om **bedreigingen te anticiperen** en te voorkomen , en zo bij te dragen aan de bescherming van de nationale belangen, is van fundamenteel belang voor de veiligheid en stabiliteit van alle naties.

Maar de relevantie ervan reikt verder dan de kringen van macht en politiek. Of het nu gaat om het beveiligen van grenzen of het beschermen van onze privacy online, deze instanties hebben een directe invloed op het dagelijks leven van iedereen. Haar voortdurende inspanningen in de strijd tegen de georganiseerde misdaad, terrorisme en andere onzichtbare bedreigingen, zoals gegevensdiefstal, zijn essentieel om de veiligheid en vrijheid te garanderen in een steeds complexer en gevaarlijker wordende wereld.

Terugkomend op de uitdrukking 'data is de nieuwe olie' nodig ik je uit om een korte pauze te nemen om te genieten van een kopje koffie of je favoriete drankje, terwijl ik de betekenis ervan uitleg.

Deze vergelijking verwijst naar het idee dat, net zoals olie in het industriële tijdperk een bron van rijkdom en macht is geweest, gegevens in het digitale tijdperk een vergelijkbare waarde hebben. Gegevens zijn overvloedig aanwezig en worden in grote hoeveelheden gegenereerd door individuen, bedrijven en verbonden apparaten, waardoor ze een aanzienlijke economische waarde hebben.

Hun strategisch belang ligt in het feit dat ze essentieel zijn voor het begrijpen van marktgedrag, consumententrends en de interne bedrijfsvoering van organisaties. Net als olie moeten gegevens worden verwerkt en geanalyseerd om er bruikbare informatie van te maken, wat investeringen in data-analysetechnologieën vereist.

Bovendien kunnen organisaties en regeringen die grote hoeveelheden data controleren, net zoals olierijke landen geopolitieke invloed hebben, macht en controle uitoefenen over de markt en de samenleving. Dit roept echter zorgen op over de privacy en het ethisch gebruik van de verzamelde informatie.

Om deze reden moeten inlichtingendiensten opereren met een **duidelijke missie** en **specifiek gedefinieerde doelstellingen**, om schendingen van rechten, dubbel werk, nabootsing van functies, verwarring van rollen tussen agentschappen en verspilling van middelen, die altijd beperkt zijn, te voorkomen.

De missie van een inlichtingendienst is **veelzijdig** en heeft vaak betrekking op aspecten die cruciaal zijn voor de nationale veiligheid. Dit kan het verzamelen, analyseren en verspreiden van relevante informatie omvatten, evenals de bescherming van nationale belangen.

Elke staat bepaalt welke rol hij aan zijn inlichtingendiensten toekent. De missie van Amerikaanse agentschappen is gedefinieerd in de '**US National Security Directive**', een belangrijk document dat de National Security Agency (NSA) de verantwoordelijkheid toekent om de nationale veiligheid te waarborgen door het verzamelen en analyseren van inlichtingeninformatie.

De specifieke doelstellingen van een inlichtingendienst omvatten een breed scala aan doelstellingen die bijdragen aan de vervulling van haar missie. Hierbij kan het gaan om **het verzamelen van strategische informatie**, **data-analyse**, **het voorkomen van bedreigingen** en advies op het gebied van nationale

besluitvorming . En elk van deze doelstellingen is een fundamenteel onderdeel van de nationale veiligheidspuzzel.

Een algemeen erkend voorstel, naar voren gebracht door Mark M. Lowenthal in zijn boek "Intelligence : From Geheimen naar Beleid ", definieert de volgende basisdoelstellingen voor een nationale inlichtingendienst:

- Zorg voor nauwkeurige informatie en relevante kennis.
- Evalueer en voorzie mogelijke toekomstige gevaren.
- Behoud de veiligheid van burgers en de natie.
- Draag bij aan het formuleren van nationaal beleid en strategieën

In de moderne tijd moeten deze instellingen zeer **flexibel blijven** , aangezien cyberuitdagingen en -dreigingen, evenals de geopolitieke omstandigheden, **voortdurend veranderen** . Het latente risico van informatiediefstal door statelijke actoren of terroristische groeperingen vereist een **snelle update** op het gebied van technologie en inlichtingenstrategieën.

Een voorbeeld van een succesvol antwoord op cyberdreigingen is Operatie *Olympic Games,* waarin de NSA, het ministerie van Defensie en de CIA (Central Intelligence Agency) samenwerkten om Iraanse centrifuges te saboteren, waarbij ze beweerden dat ze werden gebruikt bij de productie van verrijkt uranium voor de vervaardiging van nucleaire wapens.

Een emblematisch voorbeeld van de reactie op cyberdreigingen die verband houden met de diefstal van informatie door statelijke actoren was de aanval op het United States Office of Personnel Management (OPM) in 2014 en 2015. De Amerikaanse autoriteiten schreven de schade toe aan actoren die werden gesteund door de Chinese overheid, hoewel China ontkende elke betrokkenheid.

Dit was een geavanceerde cyberaanval waarbij zeer gevoelige informatie werd gestolen, waardoor de persoonlijke gegevens van miljoenen federale werknemers in gevaar kwamen, inclusief persoonlijke achtergrondinformatie en veiligheidsmachtigingsformulieren.

Het incident zorgde voor een aanzienlijke toename van het bewustzijn bij overheidsfunctionarissen over de noodzaak om middelen toe te wijzen om de cyberbeveiligingsmaatregelen te versterken, vooral bij instellingen die uiterst gevoelige informatie verwerken.

Het benadrukt het belang van internationale samenwerking om cyberdreigingen aan te pakken, evenals de noodzaak van een proportionele en strategische reactie. De aanval op OPM diende als een kritische herinnering aan de kwetsbaarheid van overheidsinstellingen voor cyberdreigingen, en de reactie onderstreepte de complexiteit van het beheer van dergelijke incidenten op geopolitiek en nationaal veiligheidsniveau.

Evolutie van de belangrijkste doelstellingen in de loop van de tijd

- **Strategische bijeenkomsten (Koude Oorlog):** Tijdens de Koude Oorlog blonk de CIA uit in het verzamelen van strategische informatie, zoals blijkt uit Project Venona, dat gecodeerde Sovjet-communicatie ontrafelde.
- **Effectieve samenwerking (na 11 september):** Na de aanslagen van 11 september 2001 probeerden inlichtingendiensten de samenwerking te verbeteren om toekomstige aanvallen te voorkomen, waarbij de noodzaak van aanpassingsvermogen werd benadrukt.
- **Technologische innovatie (digitaal tijdperk):** In het digitale tijdperk zijn aanpassing aan opkomende technologieën en ethisch gegevensbeheer cruciale doelstellingen geworden voor inlichtingendiensten.

De organisatiestructuur van een nationale inlichtingendienst is een fundamenteel onderdeel dat de effectiviteit ervan bepaalt bij het **verzamelen** , **analyseren** en **verspreiden** van informatie die cruciaal is voor de nationale veiligheid. Door het te verkennen krijgen we een dieper inzicht in de manier waarop deze instellingen informatie beheren en gebruiken.

Het gedetailleerd beschrijven van de **hiërarchie** en de interne **organisatie** van dit soort agentschappen is essentieel om hun rollen te begrijpen, hoe ze opereren en hoe ze hun functies uitvoeren, die toch al ingewikkeld zijn. Maar wij geven niet op! En in de volgende paragrafen leert u over enkele van de operationele tactieken die deze structuren implementeren om hun missie en doelstellingen te verwezenlijken.

De organisatiestructuur van een inlichtingendienst kan variëren afhankelijk van het land en zijn specifieke focus, maar volgt over het algemeen een soortgelijk schema. Hier presenteer ik een typische organisatiestructuur van een inlichtingendienst:

1. **Management of senior leiderschap:**
    - Directeur of CEO: Toppersoon die de leiding heeft over het bureau, verantwoordelijk voor strategische besluitvorming en algemeen leiderschap.
    - Adjunct-directeur: Ondersteunt de directeur in zijn taken en vervangt hem bij diens afwezigheid.
    - Adviesraad: Kan bestaan uit externe deskundigen en adviseurs die strategische begeleiding bieden.
2. **Afdeling Operaties:**
    - Buitenlandse inlichtingen: Verzamel informatie over activiteiten en bedreigingen in het buitenland.
    - Interne inlichtingen: richt zich op het verzamelen van informatie binnen het land zelf.
    - Contraspionage: verantwoordelijk voor het opsporen en tegengaan van spionageactiviteiten tegen de dienst.
    - Geheime operaties: Voer clandestiene activiteiten uit om informatie te verzamelen of specifieke missies uit te voeren.

- Analyse-eenheden: Verwerk de verzamelde informatie om bruikbare informatie te produceren.

3. **Afdeling Technologie en Ondersteuning:**
   - Informatietechnologie: beheert de technologische infrastructuur die nodig is voor het verzamelen, opslaan en analyseren van gegevens.
   - Cyberbeveiliging: Beschermt informatiesystemen van instanties tegen cyberdreigingen.
   - Logistieke ondersteuning: Biedt logistieke en administratieve diensten om de efficiënte werking van het bureau te garanderen.

4. **Afdeling Personeelszaken:**
   - Werving en training: Verantwoordelijk voor het werven en trainen van nieuwe agenten en analisten.
   - Personeelsbeheer: Beheer bestaand personeel, inclusief taaktoewijzing en professionele ontwikkeling.

5. **Juridische en ethische afdeling:**
   - Juridisch advies: Geeft juridisch advies over de activiteiten van het agentschap en zorgt ervoor dat de nationale en internationale wetten worden nageleefd.
   - Ethiek en integriteit: houdt toezicht op de naleving van ethische normen en bevordert de integriteit bij alle activiteiten van instanties.

6. **Buitenlandse betrekkingen en samenwerking:**
   - Coördinatie met geallieerde agentschappen: vergemakkelijkt de samenwerking en uitwisseling van informatie met inlichtingendiensten van andere landen.
   - Inlichtingendiplomatie: brengt relaties tot stand met buitenlandse regeringen en internationale organisaties om de belangen van de dienst te behartigen.

Deze structuur biedt een overzicht van hoe inlichtingendiensten zijn georganiseerd en functioneren, maar het is belangrijk op te merken dat er aanzienlijke variaties kunnen zijn, afhankelijk van de context en specifieke behoeften van elk agentschap en land. Bovendien kan de exacte structuur worden geclassificeerd op basis van informatiegevoeligheid en de behoefte aan gecompartimenteerde kennis. Houd er rekening mee dat niet alles wat over dit onderwerp bestaat, wordt gepubliceerd.

Waar we het bijna allemaal over eens zijn, is dat we deze agentschappen beschouwen als fundamentele pijlers voor de verdediging en bescherming van nationale belangen over de hele wereld. Zijn werk gaat verder dan wat algemeen bekend is en betreedt een wereld van intriges, analyse en geheime actie.

En nu komt het grappigste deel! Omdat ik je wil uitnodigen om een kijkje te nemen naar de intrigerende structuren en veiligheidsstrategieën van drie titanen van de inlichtingendiensten op wereldschaal: het **National Intelligence Directorate (DNI)** van **de Verenigde Staten**, de **geheime dienst of Intelligence (MI6)** van het **Verenigd Koninkrijk** en het geheime **Institute of Intelligence and Special Operations**, beter bekend als **MOSSAD**, van **Israël**.

Als journalist en jurist gespecialiseerd in veiligheid, internationale betrekkingen, mensenrechten en diplomatie ben ik ervan overtuigd dat het begrijpen van de bijzonderheden en uitdagingen van deze agentschappen zeer nuttig kan zijn om deze kwestie te begrijpen. Daarom zullen wij ons niet beperken tot een "verkennend toeristisch" bezoek aan de informatie die zij op hun website hebben staan. Hier zullen we proberen de kern van zijn bestaan te destilleren om de nuances en contrasten te belichten die zijn rol in de mondiale veiligheid bepalen.

Deze drie voorbeelden die ik voor u heb geselecteerd, zijn niet alleen staatsentiteiten met verborgen agenda's; Het zijn microkosmos van strategie, aanpassing en voortdurende uitdaging. Het National Intelligence Directorate (DNI), MI6 en MOSSAD weerspiegelen, elk in hun essentie, het delicate kruispunt tussen de **noodzaak tot bescherming** en de **verplichting om fundamentele rechten te respecteren** op het complexe speelbord van de geopolitiek.

Maak je klaar om te ontdekken hoe de DNI, met zijn centrale rol in de Amerikaanse inlichtingengemeenschap, door de enorme oceanen van mondiale informatie navigeert. Ontdek samen met mij hoe MI6, met zijn vooraanstaande spionagetraditie, de strategische besluitvorming van Groot-Brittannië beïnvloedt. Leer van de MOSSAD, wiens schaduw wordt geprojecteerd op de veiligheid van Israël, en markeert elke beweging in een vluchtig en conflicterend geopolitiek scenario.

Dus pak een kopje van je favoriete koffie of drankje en ga met me mee op een rondleiding door de complexe structuren en functies die de ruggengraat vormen van de nationale veiligheid in drie prominente landen die je zeker hebt bezocht of die op je reislijst staan. We vertrekken!

1. Verenigde Staten - Nationaal Inlichtingendirectoraat (DNI):

Het National Intelligence Directorate (DNI) van de Verenigde Staten is een zeer bijzondere instantie, opgericht om toezicht te houden op en de activiteiten van de 17 inlichtingendiensten van de federale regering van de Verenigde Staten te coördineren.

De DNI, opgericht in 2005 onder de Intelligence Reform and Terrorism Prevention Act, heeft tot doel de inspanningen voor het verzamelen en analyseren van inlichtingen van verschillende instanties, zoals onder meer de CIA, NSA en FBI, te integreren en te verenigen. Haar rol is ervoor te zorgen dat al deze agentschappen effectief informatie delen en hun activiteiten coördineren om de nationale veiligheid van de Verenigde Staten te beschermen.

Het werkt met een organisatiestructuur die de complexiteit en reikwijdte van zijn verantwoordelijkheden weerspiegelt. De eenheden en divisies zijn ontworpen om een verscheidenheid aan mondiale uitdagingen aan te pakken.

In de Verenigde Staten **is de president de hoogste autoriteit van het inlichtingensysteem**. Als staatshoofd en opperbevelhebber van de strijdkrachten heeft de president de verantwoordelijkheid om de inlichtingengemeenschap te leiden en te coördineren. Hoewel de president niet rechtstreeks de leiding heeft over alle inlichtingendiensten, heeft hij de bevoegdheid om prioriteiten te stellen, belangrijke inlichtingenrapporten te ontvangen en strategische beslissingen te nemen op basis van de informatie die door deze diensten wordt verstrekt.

De directeur van de National Intelligence (DNI) in de Verenigde Staten is de **centrale figuur in het National Intelligence System (SNI)**. De directeur van de Nationale Inlichtingendienst (DNI) fungeert als de **belangrijkste** inlichtingenadviseur **van de president** en coördineert het werk van de verschillende inlichtingendiensten. Het uiteindelijke gezag berust echter bij de president, die het vermogen heeft instructies te geven en beleid vast te stellen op het gebied van inlichtingen en nationale veiligheid.

Kortom, de DNI is de sleutelfiguur die toezicht houdt op en coördineert de werking van het Nationale Inlichtingensysteem, en adviseert de president en andere belangrijke leiders over inlichtingen- en nationale veiligheidskwesties. Terwijl we de integratie van informatie van verschillende inlichtingendiensten beheren en ervoor zorgen dat deze effectief wordt gedeeld en gebruikt.

2. **Verenigd Koninkrijk - Geheime Inlichtingendienst (MI6):**
Officieel heet *het Geheim Intelligentie Service (SIS)*, MI6, opgericht in 1909, opereert onder leiding van *Buitenlandse Zaken Kantoor* en hoofdkantoor zijn gevestigd in Vauxhall Cross, Londen. Het is de buitenlandse inlichtingendienst die verantwoordelijk is voor het verzamelen van informatie over potentiële bedreigingen voor de nationale veiligheid van Groot-Brittannië, waaronder terrorisme, de verspreiding van massavernietigingswapens en andere geopolitieke risico's.

MI6 rekruteert en traint undercoveragenten, ook wel 'spionnen' genoemd, die geheime operaties in het buitenland uitvoeren om de nationale belangen van Groot-Brittannië te beschermen.

De hiërarchische structuur zorgt voor een efficiënt beheer van de Britse inlichtingendiensten. **De hoogste autoriteit van het inlichtingensysteem** is de **premier**, die de verantwoordelijkheid heeft om de regering te leiden en daarom een beslissende rol speelt bij het nemen van beslissingen met betrekking tot inlichtingen en de nationale veiligheid.

De premier werkt nauw samen met verschillende inlichtingendiensten, waaronder MI6. Daarnaast speelt de National Security Council van het Verenigd Koninkrijk, onder voorzitterschap van de premier, een belangrijke rol bij het formuleren van het veiligheidsbeleid en het coördineren van inlichtingengerelateerde zaken.

Het is van cruciaal belang op te merken dat Groot-Brittannië een complexe structuur van inlichtingendiensten heeft, en dat bij de besluitvorming meerdere niveaus en overheidsactoren betrokken kunnen zijn. De uiteindelijke autoriteit ligt echter bij het politieke leiderschap, met name bij de premier.

Het hoofd van de MI6-dienst in het Verenigd Koninkrijk is de hoogste autoriteit van deze inlichtingendienst. Hoewel er geen officiële titel van "Head of Service" bestaat in de wetgeving die MI6 regelt, is het over het algemeen de term die wordt gebruikt om naar de leider van de dienst te verwijzen.

De relatie van het hoofd van de dienst met het Britse inlichtingensysteem omvat **coördinatie en samenwerking** met andere inlichtingendiensten, waarbij **MI5 (Security Service)** de zusterorganisatie van MI6 is. Beide diensten werken samen om bedreigingen voor de nationale veiligheid aan te pakken, zowel intern als extern.

Daarnaast werkt MI6 nauw samen met andere componenten van het Britse inlichtingensysteem, zoals het Government Communications Centre (GCHQ) en de Militaire Inlichtingendienst (MI1 en MI2), om strategische informatie te verzamelen en te analyseren.

Simpel gezegd impliceert de relatie effectieve coördinatie tussen de verschillende Britse inlichtingendiensten om de nationale veiligheid te waarborgen en dreigingen alomvattend aan te pakken.

3. **Israël - Intelligence and Special Operations Institute (MOSSAD, vanwege het acroniem in het Hebreeuws):**

Mossad, zoals de Israëlische inlichtingendienst beter bekend staat, is een van de meest prestigieuze en geheimzinnige inlichtingendiensten ter wereld. Het werd opgericht in 1949 en heeft de primaire verantwoordelijkheid voor het verzamelen van informatie, het uitvoeren van geheime operaties en het uitvoeren van terrorismebestrijdingsactiviteiten namens Israël.

Het agentschap opereert zowel binnen als buiten Israël en maakt gebruik van een netwerk van geheime agenten, buitenlandse inlichtingenstations en medewerkers in verschillende delen van de wereld. Het heeft een reputatie opgebouwd voor efficiëntie en durf in zijn activiteiten, waarbij gebruik wordt gemaakt van innovatieve methoden en geavanceerde technologie om zijn doelstellingen te bereiken.

De focus van het land op menselijke inlichtingen en speciale operaties valt op door zijn aanpassingsvermogen, omdat het zich bezighoudt met een breed scala aan activiteiten, waaronder militaire inlichtingen, contraspionage, terrorismebestrijding, infiltratie van vijandige groepen, het verzamelen van informatie over externe en interne dreigingen, en de bescherming van Israëlische burgers in het buitenland.

In de context van **Israëls Nationale Inlichtingensysteem is de premier** de hoogste autoriteit. De premier speelt een sleutelrol bij het nemen van beslissingen met betrekking tot inlichtingen en de nationale veiligheid. Hij is de politieke leider en heeft de verantwoordelijkheid voor het leiden en coördineren van inlichtingenoperaties in het land.

De premier werkt nauw samen met andere leiders en inlichtingendiensten, waaronder de directeur van de Mossad en andere belangrijke functionarissen. De besluitvormingsstructuur van de inlichtingendiensten is ontworpen als een alomvattend proces, waarbij politiek leiderschap een centrale rol speelt.

Het is belangrijk op te merken dat de exacte structuur en verantwoordelijkheden kunnen variëren, en dat bij inlichtingenbeslissingen ook de Nationale Veiligheidsraad en andere overheidsinstanties betrokken kunnen zijn. De figuur van de premier vertegenwoordigt echter de hoogste politieke autoriteit in Israël en speelt een cruciale rol in inlichtingen- en nationale veiligheidskwesties.

de **Mossad-directeur** met het Israëlische Nationale Inlichtingensysteem weerspiegelt een structuur van **coördinatie en samenwerking** . Het Israëlische Nationale Inlichtingensysteem is ontworpen om de activiteiten van de verschillende inlichtingendiensten in het land, waaronder de Mossad, te integreren en te coördineren.

Hoewel elke inlichtingendienst, inclusief de Mossad, onafhankelijk leiderschap heeft, bestaat er een raamwerk voor samenwerking en gezamenlijk werk binnen het Nationale Inlichtingensysteem. Samenwerking tussen agentschappen is essentieel om veiligheidsbedreigingen alomvattend en efficiënt aan te pakken.

De Mossad-directeur is een integraal onderdeel van deze structuur en werkt samen met andere inlichtingenleiders om informatie uit te wisselen, dreigingen te beoordelen en indien nodig acties te coördineren. Terwijl de directeur van de Mossad leiding geeft aan de specifieke operaties van het agentschap, werkt hij samen met de leiding van het National Intelligence System om een uniform antwoord op veiligheidsuitdagingen te garanderen.

Simpel gezegd houdt de hiërarchische relatie in dat de Mossad-directeur, hoewel hij zijn eigen bureau leidt, opereert in een bredere omgeving van samenwerking en coördinatie binnen Israëls Nationale Inlichtingensysteem.

Deze agentschappen, met hun complexe structuren en aangestelde leiders, spelen een cruciale rol bij het beschermen van de nationale veiligheid, waarbij elk zijn eigen verhaal in het web van mondiale inlichtingen verweven.

Als u nog steeds enige twijfels heeft, en ik neem aan dat u dat ook doet, over de organisatiestructuren van deze emblematische bureaus, stel ik voor dat u een pauze neemt in uw routine. Volg mijn advies en verdwaal dit weekend of tijdens je volgende vakantie in de intrigerende wereld van "Spionage **Missions** " beschikbaar op Netflix. Van de machinaties van MI6 tot de geheime operaties van de CIA: deze documentaire onthult fascinerende feiten over de kunst van het spioneren, campagnes uit de Koude Oorlog en staatsgrepen uitgevoerd door geheime agenten.

Boeken | films en series - 60 belangrijkste feiten

[De wereld van inlichtingendiensten]

BOEKEN:

1. **"De geheime wereld: een geschiedenis van intelligentie"** - De geheime wereld: een geschiedenis van intelligentie | Christoffel Andrew, 2019

   Het boek "The Secret World: A History of Intelligence" is een mijlpaal in de mondiale historische studie van spionage. Van bijbelse tijden tot de moderne tijd leidt Andrew ons op een fascinerende reis door de mysteries van de wereld van intelligentie. Dit 960 pagina's tellende werk herstelt een groot deel van de verloren geschiedenis van de intelligentie van de afgelopen drie millennia, en benadrukt de voortdurende relevantie ervan in onze tijd.

   Op de pagina's worden de geheimen en operaties van spionnen door de eeuwen heen onthuld, wat een unieke visie biedt op hoe intelligentie zich heeft ontwikkeld en de wereldgebeurtenissen heeft beïnvloed. Van de intrigerende verhalen uit de oudheid tot de geavanceerde methoden van de moderne tijd: dit boek onthult de complexiteit en mysteries van de spionagewereld.

   Met onverwachte vergelijkingen en een boeiend verhaal nodigt het de lezer uit om zich te verdiepen in de intrigerende geschiedenis van intelligentie. Als je meer wilt weten over de spannende wereld van spionage, dan is dit werk essentieel voor jou. Beschikbaar op Amazon https://amzn.to/4afRFjx

2. **"Intelligentie: van geheimen tot politiek"** - Intelligentie : van Geheimen naar Beleid | Mark M. Lowenthal , 2019

   Het werk "Intelligence: From Secrets to Policy", geschreven door Lowenthal , is een essentiële gids om te begrijpen hoe de geschiedenis, structuur, procedures en functies van de inlichtingengemeenschap politieke beslissingen beïnvloeden. Op 616 pagina's demystificeert Lowenthal een complex proces en biedt een duidelijke en toegankelijke visie op hoe inlichtingen mondiale politieke beslissingen beïnvloeden.

   In de volledig bijgewerkte achtste editie behandelt Lowenthal onderwerpen als cyberbeveiliging en cyberintelligentie. Bovendien breidt het de dekking van het verzamelen van informatie uit en worden de hoofdstukken over nationale zaken en transnationale problemen uitgebreid bijgewerkt. Het onderzoekt ook buitenlandse inlichtingendiensten, zowel groot als klein, van de Koude Oorlog tot de huidige uitdagingen.

Met een boeiend verhaal en diepgaande analyse nodigt het de lezer uit om zich onder te dompelen in de fascinerende geschiedenis van intelligentie en haar rol in de mondiale politiek. Deze tekst is essentieel om te lezen om een diepgaand inzicht te krijgen in de intrigerende wereld van spionage . Beschikbaar op Googleboeken
https://books.google.com.do/books?id=Fk6YDwAAQBAJ

3. ***"De Oranjeverkoper "*** - De Oranjeverkoper | Blanca Miosi , 2021

Deze roman van Blanca Miosi , een van de meest gedurfde auteurs van de Latijns-Amerikaanse literatuur, presenteert een plot waarbij verschillende inlichtingendiensten betrokken zijn. De hoofdpersoon, Ramón Latorre de los Cobos y Ugarte, wordt tijdens zijn verblijf in Engeland lid van World Zonder Communisme of WWC. Daar heeft hij zijn eerste ontmoeting met Peter Beigent , een waarnemer van de geheime inlichtingendienst, beter bekend als MI6 of SIS.

Na zijn afstuderen in internationaal recht aan de Universiteit van Cambridge, keert Ramón terug naar Spanje en neemt hij de leiding over het familiebedrijf in sinaasappelen over. Kort daarna krijgt hij een telefoontje van Peter Beigent om een taak uit te voeren die alleen een sinaasappelverkoper kan uitvoeren.

In de hele roman spelen inlichtingendiensten een cruciale rol in het plot, terwijl Ramón wordt geconfronteerd met de uitdagingen van spionage en internationale politiek, en een belangrijke speler wordt in de toekomst van de wereld tijdens de Koude Oorlog, vanaf het einde van de Spaanse Burgeroorlog tot aan de Tweede Wereldoorlog. val van de Sovjet-Unie. Zijn leven raakt verwikkeld in een reeks intriges, waaronder verliefd worden op een Russische spion, met gevolgen die de rest van zijn leven zullen beïnvloeden. Beschikbaar op Amazon https://amzn.to/43WFs1a

4. ***"De Spion"*** - Een Espiã | Paulo Coelho, 2017

In de roman 'The Spy: The Life of Mata Hari' neemt Paulo Coelho ons mee naar een interessante versie van de beroemde exotische danseres en courtisane die aan het begin van de 20e eeuw de conventies van Europa uitdaagde. Via een reeks brieven tussen Mata Hari en haar advocaat biedt Coelho ons een intiem portret van deze raadselachtige vrouw terwijl ze wacht op de uitspraak in haar proces wegens vermeende spionage voor Frankrijk en Duitsland.

Van het exotische Java tot het bruisende Parijs van de Belle Époque en Berlijn midden in de Eerste Wereldoorlog, Mata Hari verdedigde haar dromen en leefde haar leven ten volle, geleid door de woorden die haar moeder in haar jeugd tegen haar herhaalde: 'Aan de grotere bomen komen voort uit kleine zaden." Met haar sensualiteit, kracht en tegenstellingen geldt ze als icoon van de strijd voor onafhankelijkheid en vrijheid in een voortdurend veranderende wereld.

Als je nieuwsgierig bent naar de fascinerende rol die veel vrouwen als spionnen spelen, dan is dit werk "The Spy: The Life of Mata Hari" van Paulo Coelho een uitzonderlijke keuze. Beschikbaar https://amzn.to/3PFEiko

5. **"Spionageschool"** - Spion School | Stuart Gibbs, 2020

In 'Spy School' een reeks spannende romans voor jongeren en volwassenen, geschreven door Stuart Gibbs. We ontdekken Ben Ripley, een 12-jarige jongen die, onder het mom van een studiebeurs voor een wetenschapsschool, wordt toegelaten tot een geheime instelling die toekomstige junior CIA-agenten opleidt.

Vanaf het eerste moment wordt Ben ondergedompeld in de complexe wereld van spionage, vol gevaren, valse identiteiten en dubbelspel. De serie "Spy School" bestaat uit 10 boeken die de spannende avonturen vertellen van jonge spionnen in opleiding. De titels zijn: "Spy School", "Spy Camp", "Evil Spy School", "Spy Ski School", "Spy School Secret Service", "Spy School Goes South", "Spy School British Invasion", "Spy School Revolution", "Spionschool op zee" en "Spionschoolproject

Elk boek bevat spannende missies en uitdagingen die personages moeten overwinnen op hun weg om geheime agenten van het hoogste niveau te worden. Als je zowel vloeiend Engels als Spaans spreekt, raad ik je ten zeerste aan de hele serie te lezen! Beschikbaar op Amazon https://amzn.to/3PLHWcO en de complete serie https://amzn.to/3lZTAgo

FILMS:

1. **" Herder "** – De goede herder | VS, 2006

[Spionage]

" Shepherd ", ook wel bekend als "The Good Shepherd", is een Amerikaanse thriller geregisseerd door Robert De Niro en met in de hoofdrollen Robert De Niro , Matt Damon en Angelina Jolie. De film duikt in de beginjaren van de CIA en contraspionage en onderzoekt de complexe wereld van spionage aan de hand van historische gebeurtenissen zoals de mislukte invasie van de Varkensbaai in 1961. Door het leven van de hoofdpersoon, Edward Wilson, gedeeltelijk gebaseerd op de Koude Oorlog hoofd van de contraspionagedienst, James Angleton , onthult de film de persoonlijke en morele kosten van inlichtingenwerk, waarbij de opofferingen, het bedrog en het verraad worden benadrukt dat dit met zich meebrengt. Hoewel de film artistieke vrijheden aanvaardt, biedt hij waardevolle lessen over de geschiedenis van spionage, ethische dilemma's en het belang van interne veiligheid in moderne inlichtingendiensten. Het is belangrijk om te onthouden dat, hoewel het een fictief werk is, 'De Goede Herder' zinvolle discussies over ethiek en moraliteit in de wereld van spionnen kan opwekken. Geniet ervan op Movistar Plus, Apple TV en Filmin , ook afhankelijk van je regio kun je het gratis vinden op andere platforms zoals Tubi of YouTube.

2. **"The Spy Catcher "** – De Catcher was een spion | VS, 2018

[undercoveragent]

"The Spy Catcher ", gebaseerd op waargebeurde gebeurtenissen, vertelt het leven van Moe Berg , een professionele honkbalspeler die spion werd tijdens de Tweede Wereldoorlog. Berg , gespeeld door Paul Rudd , biedt een uniek perspectief op de spionagewereld en benadrukt het belang van zijn taalkundige en intellectuele vaardigheden voor het United States Office of Strategic Services. Het complot, dat een evaluatie omvat van de Duitse vooruitgang op het gebied van de atoombom en ethische beslissingen ter plaatse, benadrukt de behoefte aan diverse vaardigheden en wetenschappelijke intelligentie bij het rekruteren van agenten. Bovendien onderstreept het het belang van interagency- en internationaal werk en onderzoekt het de persoonlijke kosten van spionage, wat waardevolle lessen biedt voor moderne inlichtingendiensten over ethiek, samenwerking en het persoonlijke welzijn van hun agenten. Het is beschikbaar op Amazon Prime Video.

3. **"Het München"** – München | VS, 2005

[Geheime operaties - MOSSAD]

"München", geregisseerd door Steven Spielberg, is een intens historisch drama dat echte gebeurtenissen behandelt, gebaseerd op het boek " Vengeance " van George Jonas . Het complot volgt een MOSSAD-commando dat de opdracht heeft het bloedbad van de Olympische Spelen van 1972 in München te wreken, en operaties uitvoert om de verantwoordelijke Palestijnen te elimineren. De film, met in de hoofdrollen Eric Bana, Daniel Craig en Ciarán Hinds , onderzoekt de complexe persoonlijke en ethische gevolgen van het deelnemen aan geheime missies van wraak en spionage in een gevaarlijke wereld. Hoewel de film bepaalde artistieke vrijheden aanvaardt, biedt hij verschillende lessen voor besluitvormers op het gebied van inlichtingenkwesties, waaronder de planning van geheime operaties, ethische en morele dilemma's, de veiligheid van agenten en de politieke en diplomatieke gevolgen van inlichtingenacties. Vind het op platforms zoals Apple TV, Movistar Plus, Rakuten TV of Google TV.

4. **"Spionagespel"** – Spionage Spel | VS, 2001

[Loyaliteit en verraad]

"Spy Game" is een spannende spionagethriller waarin Nathan Muir, een ervaren CIA-agent, en zijn beschermeling Tom Bishop centraal staan . Het verhaal speelt zich af in 1991, de dag van Muirs pensionering, en het complot wordt nog ingewikkelder als hij hoort dat Bishop in China gevangen zit, beschuldigd wordt van spionage en binnen 24 uur de doodstraf riskeert. Om zijn discipel te redden, wordt hij gedwongen buiten de CIA te handelen en een manier te vinden om hem te bevrijden. De film, met in de hoofdrollen Robert Redford en Brad Pitt, biedt gedenkwaardige dialogen waarin de aard van spionage en loyaliteit wordt onderzocht. Hoewel het een fictief werk is, maakt het waardevolle lessen mogelijk over mentorschap en training, geheime operaties, opoffering en loyaliteit, manipulatie en bedrog, evenals de uitdagingen van het met pensioen gaan en zich aanpassen aan het burgerleven, die relevant zijn voor moderne inlichtingendiensten, waarbij het belang wordt benadrukt van voorbereiding, strategie, ethiek en aanpassingsvermogen in de wereld van spionage. Afhankelijk van je locatie zal het beschikbaar zijn op Amazon Prime Video, Filmin , Movistar Plus en Tivify .

5. **"De spion van de buren"** – Mijn buurman is een spion| De Spion naast de deur | VS, 2010

[Emotionele kwetsbaarheid]

"The Spy Next Door", met in de hoofdrol Jackie Chan, is een familie-actiekomedie die, hoewel vooral bedoeld om te entertainen, ook enkele interessante lessen biedt die nuttig zijn om te overwegen. De plot volgt Bob Ho, een undercover CIA-agent, die samen met zijn vriendin en drie kinderen in een onverwachte en uitdagende situatie terechtkomt waarin hij zijn leven als spion moet balanceren met zijn verantwoordelijkheid als babysitter terwijl hij tegenover terroristen staat . De film vergroot het bewustzijn over het efficiënte en intelligente gebruik van technologie voor surveillance en persoonlijke veiligheid, evenals de noodzaak om een gezond evenwicht te bewaren tussen het professionele en persoonlijke leven. Bovendien benadrukt het het belang van teamwerk, aanpassingsvermogen en het gebruik van middelen in onverwachte situaties. Dit type film kan dienen als oefening of dynamiek om waarden als het belang van familie, eerlijkheid en de gevolgen van het gebruik van geweld om conflicten op te lossen te bespreken. Hoewel het een komedie is, biedt het een interessant perspectief op de wereld van spionage en de mogelijke lessen ervan. Je kunt ervan genieten als gezin of als team, op Amazon Prime Video en Movistar Plus.

SERIE:

1. **"De onbreekbare toren"** | De Opdoemende toren (VS, 2018)

[10 afleveringen | 1 seizoen]

'The Unbreakable Tower' is een dramaserie gebaseerd op het Pulitzer Prize-winnende boek ' The Looming Tower", geschreven door Lawrence Wright. Het plot onderzoekt de confrontatie tussen de FBI en de CIA in de jaren negentig toen ze Al-Qaeda-aanvallen probeerden te voorkomen. Deze productie onthult de spanning en het gebrek aan coördinatie dat vaak voorkomt tussen deze inlichtingendiensten en biedt een fascinerend portret van de gebeurtenissen die aanleiding gaven tot de aanslagen van 11 september, evenals de daaropvolgende oorlog in Afghanistan en de blijvende gevolgen ervan.

, met Jeff Daniels, Tahar Rahim en Alec Baldwin in de hoofdrol, ging in februari 2018 in première in de Verenigde Staten op Hulu en was later wereldwijd beschikbaar op andere platforms zoals Amazon Prime Video. Als u geïnteresseerd bent in de geschiedenis van de Noord-Amerikaanse inlichtingendienst en de gebeurtenissen die het begin van de 21e eeuw markeerden, is dit voorstel een onmisbare optie voor u.

2. **" Het Bureau"** - Le Bureau des Légendes | Insiderbureau (FRA, 2015)

[50 afleveringen | 5 seizoenen]

" The Bureau", dat de eerste plaats bezet in de ranglijst van "Beste Franse series aller tijden", is gebaseerd op echte verhalen van ex-spionnen, geïnspireerd door hedendaagse gebeurtenissen en draait om het dagelijkse leven en de missies van de agenten van de DGSE (Directoraat-Generaal voor Externe Veiligheid) in gebieden van Frans belang over de hele wereld, die al jaren onder valse identiteiten leven, om goede inlichtingenbronnen te identificeren en te rekruteren.

In ' The Bureau' keert inlichtingenofficier Guillaume Debailly , met de codenaam ' Malotru ' (letterlijk 'chuck'), na zes jaar infiltratie in Damascus terug naar Parijs en staat voor de uitdaging om opnieuw contact te maken met zijn dochter, zijn ex-vrouw, de zijne collega's en zelfs zijn vroegere zelf. Zijn terugkeer naar het 'normale leven' blijkt echter ingewikkeld, vooral als hij ontdekt dat Nadia, zijn liefde in Damascus, ook in Parijs is. Deze succesvolle productie bereikte snel de topscores op iTunes met het internationale label "Episodic Cinema" en werd sinds juni 2016 aangekocht voor het exclusieve Amazon Prime-billboard. Als je nieuwsgierig bent naar de wereld van spionage en de uitdagingen waarmee agenten in hun werk worden geconfronteerd, is ' The Bureau' een andere optie die je van begin tot eind zal boeien.

3. **" Spooks "** - Militair Intelligentie 5 "MI-5" | Dubbele identiteit: controleer MI5 (VK, 2015)

[86 afleveringen | 10 seizoenen]

' Spooks ', ook wel bekend als 'MI-5', is een meermaals BAFTA bekroonde Britse dramaserie. Het volgt een groep MI5-inlichtingenofficieren, bekend als ' The Grid ", terwijl ze missies binnen het Verenigd Koninkrijk uitvoeren en geconfronteerd worden met terroristische dreigingen en interne samenzweringen. De serie onderzoekt de ethische en emotionele implicaties van MI-5-operaties, evenals de uitdagingen waarmee de agenten worden geconfronteerd bij het balanceren van hun professionele leven met hun persoonlijke leven. relaties en hun loyaliteit aan het land, inclusief onderhandelingen op hoog niveau en machtsstrijd.

"Double Identity" omvat de geavanceerde technologie die door MI-5 wordt gebruikt, waaronder elektronische surveillance en computerhacking. Bovendien onthult het verraad binnen het bureau en duikt het in de persoonlijke relaties van de agenten, waardoor de personages complexer worden. Het werd uitgebracht op iTunes voor kijkers in de Verenigde Staten en Canada, maar alle seizoenen van " Spooks " zijn ook beschikbaar op Amazon Prime Video. Trouwens, in 2015 verscheen de film " Spooks : The Greater Good", als vervolg op de serie.

4. **"Alias"** (VS, 2001)

[105 afleveringen | 5 seizoenen]

'Alias' vertelt het verhaal van Sydney Bristow, een intelligente en atletische jonge vrouw gerekruteerd door SD-6, een geheime tak van een grote criminele organisatie die, onder het mom van een geheime afdeling van de CIA, illegale financiële operaties uitvoert. Sydney ontdekt het bedrog en zoekt hulp bij de echte CIA, waar ze een dubbelagent wordt om de SD-6-structuur te ontmantelen.

De serie volgt Sydney op haar undercovermissies over de hele wereld, waarbij ze het opneemt tegen dodelijke vijanden, familiemysteries oplost en worstelt om haar dubbelleven geheim te houden. 'Alias' staat bekend om zijn intriges, actie en onverwachte wendingen, evenals de ontwikkeling van complexe interpersoonlijke relaties. Gedurende de vijf seizoenen zal de game je verrassen met een spannende mix van spionage, drama en spanning, die illustreert hoe deze agentschappen zelfs de levens van gewone mensen kunnen beïnvloeden. Alle afleveringen zijn te zien op Amazon Prime Video, JustWatch en Disney Plus.

5. **" De Amerikanen "** | De infiltranten (VS, 2013)

[75 afleveringen | 6 seizoenen]

" De Americans ", winnaar van een Emmy en een Golden Globe. Het speelt zich af in de jaren 80 tijdens de regering van Ronald Reagan, een gespannen periode tussen de Verenigde Staten en de Sovjet-Unie. Het verhaal gaat over een paar Sovjet-spionnen die zijn opgeleid en geïnfiltreerd als Amerikaanse burgers.

Deze spionnen van het Comité voor Staatsveiligheid (KGB) hebben de afgelopen vijftien jaar aan de rand van Washington DC gewoond als een zogenaamd getrouwd stel, met twee kinderen die zich niet bewust zijn van dit dubbelleven. Hun geheime operaties komen in gevaar na de dood van een van hun officieren en de aankomst in de buurt van een FBI-agent gespecialiseerd in contraspionage, die vanwege zijn werk een gespannen relatie onderhoudt met zijn vrouw. Als je gepassioneerd bent door de wereld van spionage en de uitdagingen waarmee agenten in hun werk worden geconfronteerd, zul je deze televisieserie en de nauwgezette constructie van dubbelzinnige beslissingen geweldig vinden. Je kunt het vinden op Amazon Prime Video, Disney Plus, StarPlus en andere portals.

In dit hoofdstuk zijn we begonnen aan een reis naar het hart van inlichtingendiensten, waarbij we hun **definitie** , **functie** en **evolutie** door de geschiedenis heen onderzoeken, evenals hun **belang** in de huidige mondiale context.

Van het verzamelen van informatie tot het beschermen van nationale belangen: de agenten werken onvermoeibaar om de veiligheid in een complexe en dynamische wereld te waarborgen. De cases die ik u heb genoemd, inclusief voorbeelden met boeken, films en series, illustreren hoe deze organisaties en de medewerkers die voor hen werken met uitdagingen worden geconfronteerd bij het nastreven van hun doelstellingen. Of het nu gaat om spionageoperaties in de Koude Oorlog of als reactie op cyberdreigingen die de huidige banksystemen beïnvloeden, ze blijven een cruciale rol spelen in de nationale veiligheid.

Door veranderende tijden en uitdagingen hebben deze instellingen volgehouden, gehandhaafd, aangepast en geëvolueerd om hun inzet voor de collectieve veiligheid van elk van hun landen waar te maken.

Maar dit is nog maar het begin. In dit boek zullen we deze missie voortzetten om de zestig belangrijkste feiten te ontdekken die de waarheid achter inlichtingendiensten en de impact van hun operaties op ons dagelijks leven zullen onthullen.
Voordat u naar het volgende hoofdstuk gaat, raad ik u aan een film of serie te kiezen die ik heb geselecteerd om u aan te bevelen. Nu kun je, met de kennis die je al hebt over de wereld van spionnen, een kritische kijker zijn en meer te weten komen over dit fascinerende onderwerp terwijl je geniet van de voorstellen van de zevende kunst.

Maak de popcorn klaar en praat mee! Bespreek met vrienden en collega's over onderwerpen die zich voordoen. Als je jouw momenten deelt op sociale media, of andere opmerkingen hebt over het boek, tag me dan op @mujersecurity en vertel me wie de prijs voor de beste popcorn heeft gewonnen.

HOOFDSTUK 2: DE PIJLERS VAN INTELLIGENTIE

Inlichtingendiensten zijn veelzijdige organisaties, waarvan de functies, operaties en methoden aanzienlijk verschillen van traditionele staatsinstellingen. Hun werk overstijgt conventionele grenzen, omdat ze zich voortdurend aanpassen en geconfronteerd worden met de veranderende uitdagingen van de mondiale omgeving.

Hoewel deze organisaties bepaalde 'speciale bevoegdheden' hebben, wordt hun werking strikt gereguleerd door wetten en andere regelgeving. Ze moeten altijd opereren binnen een juridisch raamwerk dat duidelijke grenzen en controlemechanismen vastlegt om transparantie te garanderen bij het efficiënte gebruik van hulpbronnen en naleving van de wet en ethische principes.

De omvang en structuur van elke inlichtingendienst is uniek en ontworpen om zich aan te passen aan de specifieke behoeften, uitdagingen en mogelijkheden van het thuisland. Haar werk zal echter altijd gebaseerd zijn op drie fundamentele pijlers: **het verzamelen van informatie**, **data-analyse** en **het genereren van inlichtingen**.

Laten we beginnen met de eerste: **het verzamelen van informatie**. Deze fase omvat het actief en passief zoeken naar gegevens, van open bronnen tot geclassificeerde bronnen, met als doel een volledig en accuraat beeld te krijgen van de aanwezige situatie.

Zodra de informatie verzameld is, komen we in de tweede pijler: **data-analyse**. Hier onderzoeken experts alles wat wordt verzameld grondig en identificeren ze patronen, trends en potentiële bedreigingen. Dit proces vereist sterke analytische vaardigheden en het gebruik van geavanceerde tools om betekenisvolle inzichten uit de stroom van beschikbaar materiaal te halen.

Tenslotte komen we bij de derde pijler: **het genereren van intelligentie**. In dit stadium transformeren analisten operationele gegevens en bronnen, waarbij ze alleen informatie filteren die relevant is voor het beoogde doel, waardoor besluitvormers cruciale informatie krijgen om nationale veiligheidsuitdagingen aan te pakken en de belangen van het land te beschermen. Deze informatie komt in verschillende formaten voor, zoals strategische rapporten en dreigingsevaluaties, maar speelt een cruciale rol bij het formuleren van beleid en strategie.

Van het verzamelen tot het analyseren en verspreiden van informatie: deze organisaties spelen een rol die verder gaat dan wat gewoonlijk in de krantenkoppen wordt benadrukt. In dit hoofdstuk wil ik je in meer detail de essentiële fundamenten laten zien die ten grondslag liggen aan het werk van inlichtingendiensten, en die de besluitvorming van de overheid op nationaal en internationaal niveau beïnvloeden, hun bijdrage aan de bescherming van de samenleving als geheel, en hoe Hun werk heeft invloed op het dagelijks leven van mensen zoals jij en ik.

Fundamentele pijlers van intelligentie

Als je in het nieuws hoort over de ontmanteling van een drugshandelnetwerk, kinderprostitutie of het voorkomen van een terroristische aanslag, gebeurt dat niet "door magie" of "door puur toeval"; Het is het resultaat van hard werken bij het monitoren en verzamelen van belangrijke gegevens waardoor autoriteiten preventief kunnen optreden. Deze acties lijken misschien ver verwijderd van ons dagelijks leven, maar in werkelijkheid zijn ze doorslaggevend om ons veilig en beschermd te houden.

De rol van inlichtingendiensten in uw dagelijkse routine is van fundamenteel belang, maar als ze hun werk goed doen, mag u daar niets van weten. Het grootste succes van een spion is onopgemerkt blijven. Zijn functie is het verstrekken van cruciale informatie die bijdraagt aan de bescherming van de veiligheid en het welzijn van de natie, in meerdere aspecten, variërend van het voorkomen van misdaden tot het anticiperen op internationale crises.

De spionnen, of agenten, zoals ze nu worden genoemd, maar ze blijven hetzelfde doen. Ze zijn toegewijd aan het samenbrengen van verspreide stukjes informatie die over de hele wereld circuleren, met als doel een compleet en begrijpelijk beeld te vormen. Dit omvat het onderscheppen van communicatie, het verzamelen van gegevens uit menselijke bronnen en het monitoren van verschillende informatiebronnen.

Zodra de informatie is verzameld, is de volgende stap het zorgvuldig analyseren ervan om betekenisvolle inzichten te verkrijgen en patronen, trends en potentiële bedreigingen op nationale en internationale schaal te onderscheiden.

Als er bijvoorbeeld een toename van verdachte cyberactiviteiten wordt vastgesteld, kunnen instanties de autoriteiten en het grote publiek waarschuwen voor potentiële digitale veiligheidsbedreigingen. In dit proces zullen ze geavanceerde technologische hulpmiddelen en technieken gebruiken om patronen te bepalen, potentiële bedreigingen te detecteren en toekomstige trends te voorspellen. Dit kan leiden tot een groter bewustzijn en het nemen van preventieve maatregelen door burgers en bedrijven om zichzelf te beschermen tegen mogelijke cyberaanvallen.

Deze basisfuncties – **verzamelen**, **analyseren** en **verspreiden** – vormen een trilogie die het dagelijkse werk van inlichtingendiensten op mondiaal niveau definieert. Als directeuren van een informatieorkest monitoren, interpreteren en delen deze instanties niet alleen gegevens, maar geven ze ook vorm aan de nationale veiligheid en strategische besluitvorming in elk van onze landen.

In de volgende paragrafen zullen we de methoden en geheimen van operaties verder onderzoeken, officiële portalen waar je een aantal van deze technologische hulpmiddelen gratis kunt verkrijgen, waarbij aspecten worden onthuld die voorheen voorbehouden waren aan deskundig personeel dat bedreven was in de kunsten van spionage en inlichtingen.

Informatieverzameling

Op een willekeurige dag wordt u wakker, kijkt u op uw mobiele telefoon om het nieuws te bekijken, luistert u naar de radio terwijl u naar uw werk of school gaat en profiteert u misschien van een pauze om uw sociale netwerken te controleren. Op elk van deze momenten heeft u interactie met informatiebronnen die op een bepaald niveau worden verzameld, geanalyseerd en gedeeld door de geheime inlichtingen- en veiligheidsdiensten van uw land.

Een van de oudste en meest effectieve manieren om informatie te verzamelen is via menselijke bronnen. Dit kunnen spionnen, undercoveragenten, informanten of gewoon gewone burgers zijn die, vrijwillig of onbedoeld, waardevolle gegevens verstrekken. Elk bericht dat u op uw sociale netwerken deelt, kan bijvoorbeeld een datapunt worden voor **open source intelligence**, een concept dat ik later zal uitleggen.

onbedoelde informant kunnen worden gebruikt en zo het werk van inlichtingenorganisaties kunnen vergemakkelijken. Bedenk dat menselijke connecties door veiligheidsdiensten worden gebruikt om zichzelf te informeren over potentiële bedreigingen, criminele activiteiten of relevante geopolitieke veranderingen. In die zin is de informant om verschillende fundamentele redenen een zeer gewaardeerde hulpbron.

Deze personen bieden bevoorrechte toegang tot informatie die anders moeilijk te verkrijgen zou zijn, en bieden tijdige gegevens. Bovendien kunt u dankzij de diversiteit aan bronnen die zij vertegenwoordigen een completer beeld van de situatie krijgen, gegevens valideren en relaties opbouwen met sleutelfiguren in verschillende omgevingen.

Er zijn talloze soorten informanten, maar de meest voorkomende classificaties zijn onder meer **betaalde informanten**, die een vergoeding ontvangen voor hun medewerking; de **onbetaalden**, die vrijwillig informatie delen; de **onbedoelden**, die gegevens verstrekken zonder hun rol te beseffen; collaborateurs, die samenwerken onder formele overeenkomsten voor juridische voordelen of andere belangen; de **geheimen**, die groepen infiltreren om informatie van binnenuit te verkrijgen; en andere, afhankelijk van de context en de specifieke criteria van elke situatie.

Aan de kern van het verzamelen van inlichtingen ligt een eeuwenoude kunst: **menselijke spionage**. Deze wereld wordt bevolkt door schimmige en discrete figuren die cruciale spelers worden op het informatiepodium. Het is verbazingwekkend om te zien hoe deze spionnen of geheime agenten opereren, vaak zonder erkenning te krijgen voor de offers die zij brengen, zelfs niet door hun eigen families, voor de veiligheid en stabiliteit van de natie.

Velen van hen werken onder een valse identiteit en vertrouwen op de discretie van regeringsleiders en inlichtingendiensten. We moeten ook erkennen dat er buitengewoon talent voor nodig is om de identiteit van anderen aan te nemen en hun ware bedoelingen te verbergen. Niet iedereen ontwikkelt de vaardigheden die essentieel zijn in dit gevaarlijke beroep, het spionagewezen, waar geen enkele staat zonder kan.

Spionage is, zoals we al weten, een clandestiene activiteit waarbij een persoon, die doorgaans een regering of organisatie vertegenwoordigt, vertrouwelijke of geheime informatie van een andere entiteit verzamelt zonder medeweten of toestemming van die entiteit. De doelstellingen kunnen variëren van onder meer militaire, politieke, economische, wetenschappelijke tot technologische gegevens. Spionnen opereren doorgaans in absolute geheimhouding en maken gebruik van verschillende tactieken, variërend van het gebruik van afluisterapparatuur tot het infiltreren van doelorganisaties of het rekruteren van menselijke bronnen. De ontdekking van dergelijke activiteiten zou echter belangrijke juridische en diplomatieke implicaties met zich mee kunnen brengen, naast het permanente risico op de dood van de spion, zoals in talloze gevallen is gebeurd.

De oorsprong van spionage gaat terug tot de oudheid, omdat het een activiteit is die gedurende de hele geschiedenis van de mensheid heeft bestaan. De eerste vormen van clandestien onderzoek zijn te vinden in oude beschavingen zoals de Egyptische, Chinese, Griekse, Hebreeuwse en Romeinse, waar verschillende technieken werden gebruikt om aanwijzingen te verkrijgen over vijanden, hun militaire bewegingen en politieke plannen.

In het oude China gebruikten ze bijvoorbeeld spionnen om informatie te verkrijgen over militaire strategieën en vijandelijke bedoelingen. Sun Tzu, auteur van 'The Art of War', schreef uitgebreid over het belang van inlichtingen en spionage bij militaire overwinningen.

Historici melden dat soldaten in Rome als verkenners werden gestuurd om vijandelijk gebied te infiltreren en zelfs de kleinste details over hun strijdkrachten en geheime plannen te verzamelen. Tijdens de Middeleeuwen gebruikten Europese vorsten spionnen om meer te weten te komen over de bewegingen van hun rivalen en om hun politieke en territoriale belangen te beschermen. In de loop van de tijd heeft dit gevaarlijke maar opwindende beroep zich ontwikkeld en geëvolueerd, zich aangepast aan de technologische vooruitgang en veranderd volgens de geopolitieke dynamiek.

Auteur Carmen Posadas, die zichzelf omschrijft als een spionne van beroep, gaat in haar boek **"License to Spy" in** op de eigenaardige en pittoreske manier waarop het Duitse Spionagemuseum in Berlijn de bezoeker het concept presenteert dat spionage het op één na oudste beroep ter wereld is. wereld, alleen voorafgegaan door prostitutie. Of misschien wel de oudste, als we bedenken dat het, om te overleven, sinds het begin van de mensheid essentieel is geweest om onszelf te informeren over wat rivaliserende of vijandige stammen aan het doen waren.

Carmen verzekert ook dat de meerderheid van de geleerden over dit fenomeen het erover eens is dat dit in de westerse wereld de meest gedocumenteerde vermelding is
Oude **spionageacties** komen voor in het boek Numeri, hoofdstuk 13, waar Mozes twaalf spionnen stuurt, één uit elke stam van Israël, om het land Kanaän te verkennen, informatie te verzamelen over zijn volk en zijn bolwerken, om daarvoor verslag uit te brengen aan Mozes de intrede van het volk Israël daarin. Een spionagemissie die zo weinig succes had dat het nog steeds als studieobject wordt gebruikt bij CIA- en MOSSAD-trainingen.

Maar het begrip 'spion' komt al vier keer eerder voor in de heilige tekst, in het oude boek Genesis, in hoofdstuk 42, waar Jozef, door zijn eigen broers als slaaf verkocht en in Egypte aangekomen, een invloedrijke figuur wordt aan het hof van Farao. .

In Genesis 42:9 herkent Jozef zijn broers in Egypte tijdens de hongersnood en beschuldigt hij hen ervan spionnen te zijn, wat suggereert dat ze daar zijn om de zwakte van de hongersnood in te schatten.

land. In vers 42:12 herhaalt hij zijn beschuldiging, en nadat hij hen in 42:14 heeft ondervraagd, handhaaft Jozef zijn vermoedens. Ten slotte laat hij hen in vers 42:16 achter in Egypte onder de beschuldiging dat ze spionnen zijn, totdat een van hen naar Kanaän reist om zijn jongere broer Benjamin te halen. Dit bijbelse verslag illustreert het eeuwenoude en dramatische gebruik van spionage, waarbij Jozef een cruciale rol speelt in intriges en confrontaties.

Het thema spionage is aanwezig in verschillende bijbelverhalen. In de God Speaks Today-versie verwijzen 32 verzen naar intrigerende episoden of illustreren ze het gebruik van intelligentie in geheime missies om goddelijke en aardse doelstellingen te bereiken. Iconische personages als Jozef, Mozes, Jozua, Rachab, David, Job, Simson, Judas en Jezus zijn bij deze verhalen betrokken.

Volgens de verslagen van Markus en Lukas richtten de schriftgeleerden en Farizeeën een spionagedienst op die gespecialiseerd was in het monitoren van de activiteiten van Jezus van Nazareth. Deze wetsleraren infiltreerden spionnen of 'undercoveragenten', zoals ze ze nu noemen, om bewijsmateriaal te verzamelen waarmee ze hem onder de jurisdictie van de Romeinse gouverneur konden onderwerpen.

Hoe een spion te identificeren
Tegenwoordig speelt spionage nog steeds een cruciale rol in de politiek, de nationale veiligheid en ook in de zakenwereld, waarbij inlichtingendiensten en veiligheidsdiensten over de hele wereld zich toeleggen op het **verzamelen van** alle relevante gegevens en **het analyseren van** waarschuwingen over potentiële bedreigingen en activiteiten van tegenstanders.

In dit spiegeluniversum hebben echte spionnen niet altijd de charme van James Bond of de vaardigheden van meneer en mevrouw Smith. Zelden zijn hun dagen zo extravagant, meestal verbergen **geheime agenten** zich onder ons, met alledaagse rollen en onaantrekkelijke routines, die verre van de cruciale missies zijn die ze uitvoeren. Stel je bijvoorbeeld je Uber-taxichauffeur voor. Misschien brengt het je niet alleen van de ene plaats naar de andere, maar kan het ook gaan om het verzamelen van relevante gegevens van iemand die je interesseert in de straten van de stad? Laten we nu eens nadenken over uw favoriete ober, u houdt van zijn hoffelijkheid, karakter en behendigheid. Maar misschien verzamelt hij door het serveren van gerechten en wachttafels op discrete wijze gegevens die cruciaal zijn voor de verdediging van het land, op zijn best. Heeft u enig idee welke inlichtingeninformatie een concurrerend bedrijf waard is? Om nog maar te zwijgen van andere voorbeelden, buiten de wet, die niet het onderwerp van dit boek vormen.

Zelfs uw kapper, met haar behendige handen en prettige gesprekken, zou meer kunnen luisteren dan ze laat merken, en fragmenten van gesprekken kunnen vastleggen die van belang kunnen zijn voor de inlichtingendienst. Zelfs de parkeerder die uw autosleutels ontvangt, kan meer verbonden zijn dan u zich kunt voorstellen, en kijken en luisteren terwijl hij in de schaduw werkt.

Het vermogen om zich aan te passen aan de dagelijkse taken is essentieel voor het succes van deze activiteiten. Spionnen moeten volledig in hun omgeving kunnen integreren, geloofwaardige relaties kunnen opbouwen en hun taken kunnen uitvoeren zonder argwaan te wekken. Dit vereist gespecialiseerde training in infiltratietechnieken, geheime communicatie en het omgaan met valse identiteiten.

Deze geheime agenten of agenten, gecamoufleerd tijdens gewone activiteiten, spelen heimelijk een cruciale rol in delicate missies, ten behoeve van hun land, zich ervan bewust dat ze geen publieke erkenning zullen kunnen krijgen voor het behaalde succes. Heb je er al eerder over nagedacht?

Met dat idee in gedachten stel ik een koffiepauze voor. Vind uw kopje, of het drankje dat u verkiest. En terwijl we ervan genieten, laten we onze fantasie de vrije loop laten met enkele alledaagse rollen die spionnen of 'geheime agenten' zouden kunnen verbergen, of een van die interessante namen die ze je nu noemen:

- **De Personal Trainer** : In de sportschool of waar dan ook helpt deze persoon zijn klanten niet alleen hun *fitnessdoelen te bereiken* , maar heeft hij ook aandacht voor nuttige details die tijdens gesprekken of trainingssessies naar voren kunnen komen.

- **The Traveling Artist** : Visualiseer een straatkunstenaar die, terwijl hij stedelijke landschappen schildert, discreet om zich heen observeert en luistert en belangrijke gesprekken tussen voorbijgangers vastlegt.

- **De voedselbezorger** : In het tijdperk van thuisbezorging heeft een *voedselbezorger* toegang tot verschillende buurten en huizen, wat hem de mogelijkheid geeft om gevoelige informatie te verzamelen terwijl hij jouw bestelling bezorgt, en wie weet ook de mijne.

- **De dierenoppas** : Tijdens uw bezoeken aan verschillende huizen om voor dieren te zorgen, kunt u een discrete waarnemer zijn van het dagelijks leven van mensen, waarbij u de gelegenheid aangrijpt om relevante gegevens te verzamelen en nog veel meer.

- **De straatmuzikant** : Hij entertaint voorbijgangers met zijn muzikale talent, zonder af te leiden van zijn interessante missie, luisteren en gedrag in het publiek observeren. Terwijl jij en ik onschuldig genieten van hun show.

- **De taalleraar** : Dit personage werkt met studenten uit verschillende landen. Een ideale activiteit om cruciale details over internationale evenementen en culturele trends te verkrijgen. In een sfeer van vertrouwen voer je gesprekken waarbij je discreet gegevens verzamelt. Hij kan ook volgers indoctrineren en rekruteren om zijn doelstellingen te bereiken.

- **De evenementenplanner** : maakt gebruik van zijn toegang tot een breed scala aan exclusieve mensen en plaatsen om zijn doelwit schaamteloos te bespioneren, waarbij hij doet alsof hij sociale vaardigheden heeft, terwijl hij discreet gevoelige gegevens verzamelt op feesten en bijeenkomsten zonder argwaan te wekken.

- **De oplettende nanny:** Ze zorgt echt voor de kinderen van een gezin en zorgt voor hun veiligheid, maar ze haalt ook informatie uit hen, met haar lieve ondervragingen, zoals: en wat heeft papa gisteravond gedaan? heeft hij geld meegenomen? Of heeft hij mama geslagen? En daar blijft het niet bij; hij past zijn onschuldige ondervraging ook toe op andere ouders in parken, scholen en buitenschoolse activiteiten. En het past hetzelfde patroon toe op de hele omgeving van zijn doelwit.

- **De discrete butler:** beheert relevante gegevens over routines en patronen van huishoudelijk gedrag van geïnteresseerde personen; Ook tijdens evenementen en diners kunt u gastgesprekken in de gaten houden en relevante gegevens verzamelen.

- **De persoonlijke assistent:** Werkt voor een persoonlijkheid op hoog niveau; Hij organiseert niet alleen zijn agenda, maar kan ook verantwoordelijk zijn voor het op de hoogte blijven van de bewegingen en plannen van zijn baas, door rapporten aan de dienst te verstrekken, zonder argwaan te wekken.

- **Geïnfiltreerde schoonmaak:** Een schoonmaakpersoneel in een bedrijf of kantoor kan zich discreet door de faciliteiten bewegen, belangrijke gesprekken tussen werknemers, managers of klanten observeren en beluisteren, en zo bevoorrechte kennis verkrijgen.

- **De vertrouwenschauffeur:** Een persoonlijke chauffeur die leidinggevenden, zakenmensen of politici vervoert, kan in de auto getuige zijn van vertrouwelijke gesprekken. Bovendien kent u de privéroutines en het gedrag van deze persoonlijkheden. U bevindt zich in de ideale positie om essentiële gegevens over uw doelwit te verzamelen en deze aan de inlichtingendienst te rapporteren.

- **De undercoverchef:** Ze werkt voor spraakmakende figuren, maar naast het bereiden van voortreffelijke maaltijden is het haar missie om op de hoogte te zijn van interessante situaties en belangrijke gesprekken tussen gasten, om haar doel te bereiken.

- **The Observer Gardener:** Met toegang tot privé-buitenruimtes kunt u uw positie gebruiken om bewoners en hun bezoekers te observeren en te luisteren. Door zijn schermwerk kan hij plaatsen verifiëren, vermoedens bevestigen en de dagelijkse routine van zijn doelwit rapporteren.

- **De vertrouwenstherapeut:** Uw massagetherapeut of persoonlijke verzorgingstherapeut kan veel leren over de gewoonten, routines en relaties van hun cliënten, waardoor unieke inzichten kunnen worden verkregen die van belang kunnen zijn voor inlichtingendiensten. Op deze plaatsen voelen mensen zich op hun gemak en beginnen ze te chatten en compromitterende persoonlijke en professionele details te delen, zonder te beseffen dat hun therapeut hen bespioneert en relevante bronnen verzamelt voor hun onderzoek.

- **De discrete accountant:** met bevoorrechte en vertrouwelijke toegang tot de financiële situatie van zijn doelwit. Terwijl u de financiën van uw klanten beheert, kunt u financiële patronen, ongebruikelijke transacties of verdachte activiteiten detecteren die kunnen duiden op illegale activiteiten of verborgen belangen, zonder argwaan te wekken tegenover de persoon voor wie u werkt.

- **De onverschrokken technicus:** Tijdens het repareren van beveiligingscamera's, alarmsystemen of elektronische sloten kunt u toegang krijgen tot beperkte gebieden en privégegevens observeren of vastleggen zonder argwaan te wekken. Het ergste is dat u uw gecamoufleerde luister- of opnameapparatuur kunt installeren op de beveiligingsapparatuur die u heeft gerepareerd. Het is heel gebruikelijk dat er sprake is van geheime of clandestiene verzamelingen.

- **De nieuwsgierige 'klusjesman':** deze multitaskende spion voert reparaties uit in huis of op kantoor en is over het algemeen erg behulpzaam en meewerkend. Terwijl hij dit repareert en ervoor zorgt dat hij niet wordt afgeleid van zijn ware missie, observeren, discreet luisteren naar gesprekken tussen bewoners of medewerkers en relevante informatie verzamelen die mogelijk in het zicht ligt. Soms kun je microfoons of andere geheime bewakingsapparatuur op strategische plaatsen plaatsen die je je nooit zou voorstellen.

- **De sluwe minnaar** : deze charmante persoon die gezelschap biedt op de eenzame nachten van invloedrijke mensen of politieke leiders. Komt het je bekend voor? Achter die façade van passie en romantiek zou hij echter een veel donkerdere rol kunnen spelen. Haar charme en vermogen om emoties te manipuleren maken haar tot een krachtig instrument in het arsenaal voor het verzamelen van inlichtingen. Dit type spion heeft toegang tot intieme geheimen en belangrijke beslissingen. Daarom heeft deze figuur in de loop van de tijd de loop van de geschiedenis beïnvloed.

- **De onopgemerkte dakloze:** In de drukke straten van de stad, tussen de donkerste en meest vergeten hoekjes, wordt deze persoon door de meesten onopgemerkt, maar zijn zintuigen zijn altijd alert. Hij wordt een stille getuige van geheime gesprekken, verdachte uitwisselingen en strategische bewegingen, en is in staat geheimen op de meest onverwachte plaatsen te ontrafelen.

- **De gezondheidsassistent:** luistert discreet en aanspreekbaar gesprekken tussen artsen en patiënten af, pikt gefluister op in de gangen en observeert de bewegingen van verdachte bezoekers om essentiële details te verzamelen over de gezondheidsstatus van invloedrijke mensen en medische noodplannen dat zou zelfs de nationale veiligheid kunnen aantasten.

- **De vuilnisophaler:** Dankzij zijn discrete aanwezigheid en toegang tot beperkte gebieden kan hij bewijsmateriaal verzamelen over bendeactiviteiten, drugshandel, consumptiepatronen in huishoudens en organisaties, en zelfs de planning van terroristische activiteiten. Met zijn schijnbare nietigheid wordt de vuilnisman een onopgemerkte spion in de straten van de stad, die een cruciale rol speelt in de openbare veiligheid.

- **De kleuterleidster:** Met haar tederheid en sluwheid verkrijgt ze als vertrouwelinge van de kleintjes essentiële informatie over hun families, hun omgeving en hun dagelijkse ervaringen. Ze wordt een voogd, die hen ook indoctrineert en de toekomst van de natie beschermt tegen de klaslokalen van de kleintjes.

- **De verzorger van oudere volwassenen:** Door naar de levensverhalen van ouderen te luisteren en de details van hun omgeving te observeren, verzamelt ze belangrijke gegevens over haar patiënt, familie- en sociale dynamiek, en alle andere privégegevens die van belang kunnen zijn voor haar superieuren. Elk gebaar, elk woord wordt zorgvuldig in haar hoofd vastgelegd, als stukjes van een puzzel die ze in elkaar legt.

- **The Undercover Prostitute:** Deze clandestiene figuur beweegt zich in de schaduw, met mensen uit alle lagen van de bevolking, van politici en zakenmensen tot kunstenaars en ambtenaren. Terwijl hij de verlangens en fantasieën van zijn cliënten bevredigt, verzamelt hij verspreide stukjes informatie, die hij vervolgens vakkundig samenvoegt tot een puzzel van strategische kennis. Met haar moed en humor wordt ze een hoofdrolspeler in het ingewikkelde spel van intelligentie, waarin verleiding en bedrog wapens zijn die net zo krachtig zijn als de waarheid zelf.

- **De gesimuleerde hofdame:** In elitaire kringen en luxueuze woningen voert deze enigmatische figuur verfijnde gesprekken en luistert aandachtig naar de vertrouwelijkheid van haar cliënten. Deze prachtige spion verzamelt essentiële gegevens over intriges uit de high society, familiegeheimen en politieke allianties. Haar vermogen om tussen de regels door te lezen en de meest subtiele gebaren te detecteren, maakt haar tot een opmerkzame waarnemer, in staat om verborgen waarheden achter de meest verfijnde verschijningen te ontdekken. Door haar discrete aanwezigheid in salons en exclusieve feesten, met haar gratie en sluwheid, vormt ze een sleutelfiguur in het complexe netwerk van intelligentie, waar elegantie en discretie net zo belangrijk zijn als vastberadenheid en moed.

De lijst met banen van spionnen of geheim agenten is werkelijk fascinerend en kan voor onbepaalde tijd worden uitgebreid, waardoor een unieke visie wordt geboden op het mimiekvermogen van deze mysterieuze personages. Vanwege beperkingen in tijd, ruimte en middelen is het echter noodzakelijk om hier te stoppen.

Voordat ik afsluit, wil ik graag de kers op de taart met u delen. Soms besluiten instanties om een extra laag van complexiteit en emotionele spanning toe te voegen aan de context van menselijke spionage door familieleden erbij te betrekken. Dit kan een conflict creëren tussen familieloyaliteit en de professionele plicht om de missie te vervullen. Hier zijn enkele voorbeelden:

• **De informerende broer:** Wanneer een bureau iemand rekruteert die werkt bij een bedrijf dat belangrijk is voor de nationale veiligheid, denkt het vaak aan het betrekken van zijn broer, zus of een andere naaste persoon om hem te beschermen. Dankzij zijn toegang tot gevoelige informatie kan deze broer een undercoverspion worden: de onwetende boodschapper die geheime gegevens doorgeeft aan de inlichtingendienst.

• **De geïnfiltreerde vader of moeder:** als een overheidsfunctionaris van belang is voor een inlichtingendienst, kunnen zijn of haar kinderen worden gerekruteerd en huisspionnen worden om verslag uit te brengen over de daden van hun ouders. Ze zijn ook een ideale manier om op discrete wijze belangrijke informatie door te geven wanneer de ambtenaar met het bureau samenwerkt.

• **De geheime romantische partner:** Wanneer de partner van een invloedrijk persoon in de politiek of het zakenleven wordt gerekruteerd als geheime agent, worden ze een interessante hulpbron voor de inlichtingendienst. Door toegang te hebben tot vertrouwelijke informatie en privégesprekken kunt u relevante gegevens verzamelen en deze discreet doorgeven aan het bureau. Deze intieme relatie en het vertrouwen tussen het paar zijn sleutelelementen die het verkrijgen van veiligheidsrelevante gegevens vergemakkelijken.

- **De observerende neef of peetzoon:** Een neef of peetzoon van een hoge officier kan worden gerekruteerd als undercoveragent. Met toegang tot vertrouwelijke gegevens over veiligheidsoperaties en -strategieën kon hij middelen verkrijgen die van belang waren voor de inlichtingendienst en deze op discrete wijze doorgeven, waarbij hij voordeel kon halen uit zijn familiale of andere relatie met zijn beschermer.

Zoals u wellicht heeft ontdekt, zijn er meer spionnen of geheimagenten, gecamoufleerd of vermomd als gebruikelijk werk, onder ons dan we denken, maar hun functie is belangrijk en noodzakelijk voor de bescherming en veiligheid van de gemeenschap. Ze weten dat hun werk zelden publiekelijk erkend zal worden, maar dit doet niets af aan hun enthousiasme of betrokkenheid bij hun werk. Ze handelen gemotiveerd door het collectieve welzijn, en elke interactie en observatie die ze maken is essentieel om de soevereiniteit en veiligheid van de natie te behouden.

Gegevensanalyse

Wanneer u zich aanmeldt bij uw Netflix-account, ontvangt u inhoudsuggesties die zeer relevant en aantrekkelijk voor u zijn, op basis van uw specifieke interesses. Dit vereenvoudigt de taak van het ontdekken van nieuwe titels die u mogelijk interesseren, verbetert uw online entertainmentervaring en versterkt uw loyaliteit aan het platform.

Gegevensanalyse is een cruciaal hulpmiddel dat bedrijven als Netflix gebruiken om u gepersonaliseerde aanbevelingen voor films en tv-programma's te geven. Door uw kijkgeschiedenis, genrevoorkeuren, beoordelingen en demografische gegevens bij te houden, genereert Netflix suggesties die zijn afgestemd op uw individuele smaak.

Dit voorbeeld illustreert hoe data-analyse niet beperkt blijft tot inlichtingenoperaties, maar ook wordt toegepast in sectoren als entertainment, waar het bijdraagt aan klanttevredenheid en servicekwaliteit.

Op het gebied van de inlichtingendiensten zetten agentschappen, zodra de informatie is verzameld, deskundige analisten in om deze gegevens te onderzoeken en te evalueren met als doel ruwe informatie om te zetten in bruikbare informatie. Dit omvat het identificeren van relevante patronen, trends en relaties in de gegevens om bedreigingen en kansen beter te begrijpen. Bovendien kunt u hiermee de geloofwaardigheid van informatie beoordelen, middelen prioriteren en proactieve maatregelen nemen om risico's te beperken en kansen te benutten. Kortom, het doel ervan is om gegevens om te zetten in betekenisvolle kennis die richting geeft aan effectieve en efficiënte acties.

In een steeds meer gedigitaliseerde wereld speelt elektronische communicatie een belangrijke rol bij het verzamelen van inlichtingen. Van **e-mails** tot **telefoontjes** tot **sms-berichten** : elk stukje kan waardevolle aanwijzingen bevatten over potentiële bedreigingen, criminele activiteiten of geopolitieke bewegingen. Elke elektronische interactie laat een spoor achter dat kan worden verzameld en geanalyseerd door inlichtingendiensten.

Hoewel het misschien klinkt als iets uit een spionagefilm, is het monitoren van elektronische communicatie, waarover we elders in dit boek meer in detail zullen praten, een alledaagse realiteit in de strijd tegen de georganiseerde misdaad, terrorisme en andere bedreigingen ter bescherming van de nationale veiligheid en het welzijn van de samenleving.

Data-analyse op het gebied van inlichtingen is essentieel voor het begrijpen en nemen van weloverwogen beslissingen op het gebied van veiligheid, strategie en besluitvorming door de overheid. Hier leg ik de belangrijkste hulpprogramma's uit:

- **Identificeer patronen en trends:** helpt u te zien hoe mensen zich gedragen, hoe ze met elkaar verbonden zijn en welke nieuwe dingen er gebeuren in grote groepen gegevens. Deze patronen kunnen wijzen op verdachte activiteiten of potentiële bedreigingen.
- **Toekomstige dreigingen voorspellen:** Door historische en realtime gegevens te analyseren, kunnen inlichtingendiensten mogelijke toekomstige dreigingen en gebeurtenissen voorzien, waardoor ze preventieve maatregelen kunnen nemen om de bevolking te beschermen.
- **Verzamelen van inlichtingen:** Vergemakkelijkt het verzamelen en organiseren van informatie uit verschillende bronnen, zoals onderschepte communicatie, financiële gegevens, sociale netwerken en meer. Dit zorgt voor een vollediger inzicht in de omgevingen en activiteiten die van belang zijn.
- **Beslissingsondersteuning:** Biedt kritische informatie en analyses die strategische en operationele besluitvorming met betrekking tot nationale veiligheid en defensie ondersteunen. Ook in de zakenwereld is het erg handig.
- **Identificatie van cyberdreigingen:** Helpt cyberuitdagingen te identificeren en te beperken door gegevens te analyseren die verband houden met kwaadaardige activiteiten, beveiligingsproblemen en afwijkend gedrag in netwerken en computersystemen.

Net als een puzzel die uit verspreide stukjes wordt samengesteld om een compleet beeld te vormen, is data-analyse essentieel voor veiligheid, stabiliteit en besluitvorming. In de wereld van inlichtingendiensten vormen gegevens de basis waarop strategische beslissingen worden genomen, bedreigingen worden beoordeeld en de samenleving wordt beschermd.

Datakwaliteit vormt de basis van dit proces. Stel je analisten voor als moderne mijnwerkers, die intellectueel goud uit ruwe data halen. Nauwkeurige, actuele en betrouwbare gegevens zijn essentieel voor het voorspellen van trends, het identificeren van patronen en het anticiperen op risico's. Zonder hen zouden inlichtingendiensten blindelings in een zee van onzekerheid varen.

Achter elk geheim rapport, veiligheidswaarschuwing en geheime operatie staat een team dat zich inzet om de onberispelijkheid van de gegevens te garanderen. Datakwaliteit is meer dan een technische vereiste; Het is een kwestie van burgerbescherming en nationale veiligheid.

Intelligentie generatie

Amazon maakt intensief gebruik van data-analyse om de voorkeuren en het gedrag van zijn klanten te begrijpen. Elke keer dat u op hun website surft of online aankopen doet, houdt het platform al uw klikken bij, van de producten die u bekijkt tot de producten die u aan uw winkelwagentje toevoegt en uiteindelijk koopt.

Met deze informatie kan Amazon voor elke gebruiker gepersonaliseerde aanbevelingen genereren, waarbij gerelateerde of voorgestelde producten worden getoond die voor hen interessant kunnen zijn. Het maakt gebruik van geavanceerde algoritmen om toekomstige aankopen te voorspellen en uw voorraad- en marketingstrategieën dienovereenkomstig aan te passen.

Bovendien stelt data-analyse Amazon in staat zijn toeleveringsketen en logistiek te optimaliseren, te anticiperen op de vraag naar producten en ervoor te zorgen dat artikelen beschikbaar zijn wanneer klanten ze nodig hebben. Zo verbetert het bedrijf de klantervaring, verhoogt het de omzet en optimaliseert het zijn activiteiten op alle gebieden van zijn activiteiten.

Zowel Amazon als inlichtingendiensten gebruiken data-analyse om **hun gebruikers en klanten beter te begrijpen** en hun activiteiten te verbeteren. Beide entiteiten verzamelen een grote hoeveelheid gegevens uit verschillende bronnen en analyseren deze om betekenisvolle informatie te verkrijgen die hen in staat stelt weloverwogen beslissingen te nemen.

Amazon analyseert bijvoorbeeld het koopgedrag van zijn klanten om op hun behoeften te anticiperen en gepersonaliseerde productaanbevelingen te bieden. Op dezelfde manier verzamelen inlichtingendiensten informatie uit verschillende bronnen, zoals elektronische signalen, onderschepte communicatie en menselijke bronnen, en analyseren deze om patronen, trends en potentiële bedreigingen te identificeren.

Bovendien investeren zowel Amazon als inlichtingendiensten in geavanceerde technologieën, zoals machinaal leren en kunstmatige intelligentie, om hun analysemogelijkheden te verbeteren en nauwkeurigere en actuelere informatie te verkrijgen. Samenvattend delen beide entiteiten het vermogen om intelligentie te genereren uit data-analyse, zij het met verschillende doeleinden en toepassingscontexten. De een doet het om uw winkelervaring te verbeteren, de ander doet het om te beschermen en weloverwogen beslissingen te nemen.

Sociale netwerken en open source-intelligentie

Sociale media hebben de manier veranderd waarop we communiceren en informatie delen, maar het heeft ook nieuwe mogelijkheden geopend voor het verzamelen van inlichtingen. Wetshandhavingsinstanties kunnen algoritmen voor gegevensanalyse gebruiken om miljoenen berichten, reacties en profielen te onderzoeken op gedragspatronen, opkomende trends of tekenen van verdachte activiteit. Het ogenschijnlijk onschadelijke bericht dat u op uw sociale media-profiel hebt gedeeld, kan dus deel uitmaken van een reeks gegevens die inlichtingendiensten analyseren op relevante informatie.

Er zijn verschillende voorbeelden van hoe sociale media zijn gebruikt voor het verzamelen van inlichtingen en het monitoren van elektronische communicatie. Hier zijn enkele gevallen:

- **De Arabische Lente** : Tijdens de opstanden van de Arabische Lente in verschillende landen in het Midden-Oosten en Noord-Afrika in 2010 en 2011 speelden sociale media een belangrijke rol bij het organiseren en coördineren van protesten. Regeringen gebruikten sociale media-monitoring om de activiteit van demonstranten te volgen en potentiële onrust te voorkomen. Bovendien konden buitenlandse inlichtingendiensten ook informatie over de protesten verzamelen en het politieke landschap in de regio beoordelen door analyse van socialemediagegevens.
- **De bomaanslag in Boston** : Na de bomaanslag op de Boston Marathon in 2013 werd data-analyse van sociale media gebruikt om de daders en hun connecties te onderzoeken. Inlichtingendiensten verzamelden informatie van sociale netwerken zoals Twitter, nu X, en Facebook om mogelijke links naar extremistische groeperingen te identificeren en gedragspatronen te analyseren die op verdachte activiteiten zouden kunnen duiden.
- **Terroristische aanslagen in Europa** : Bij verschillende terroristische aanslagen in Europa, zoals die in Parijs in 2015 en in Brussel in 2016, werd data-analyse op sociale netwerken gebruikt om de activiteiten van de verantwoordelijken en hun contacten te volgen. Autoriteiten verzamelden informatie van platforms zoals Twitter, nu X, Facebook en Instagram om potentiële samenzweerders te identificeren, hun interacties te analyseren en toekomstige aanvallen te voorkomen.

Deze voorbeelden illustreren hoe sociale media een belangrijke bron van inlichtingen zijn geworden voor veiligheidsdiensten en hoe data-analyse op deze platforms kan helpen bij het opsporen van gedragspatronen, opkomende trends en verdachte activiteiten.

Data-analyse van sociale media is een hulpmiddel van onschatbare waarde in open source intelligence (OSINT), omdat u hiermee relevante informatie efficiënt en in realtime kunt verzamelen, analyseren en begrijpen. Hier presenteer ik enkele kernpunten over het nut van dit soort analyses in open source intelligence:

- **Informatieverzameling:** Sociale netwerken zijn een rijke bron van gegevens die door gebruikers over de hele wereld worden gegenereerd. Van berichten op Twitter, nu X, tot statusupdates op Facebook: deze platforms bieden een schat aan informatie die nuttig kan zijn bij het begrijpen van trends, publieke opinies, actuele gebeurtenissen en meer.

- **Identificatie van trends en patronen:** Gegevensanalyse op sociale netwerken stelt ons in staat opkomende trends, gedragspatronen en veranderingen in de publieke opinie te identificeren. Door actuele tags of *hashtags*, gespreksonderwerpen en interacties tussen gebruikers te monitoren, kunnen analisten belangrijke gebeurtenissen of interessegebieden detecteren die aandacht vereisen.
- **Detectie van bedreigingen en risico's:** Het monitoren van gesprekken op sociale netwerken kan helpen bij het identificeren van mogelijke bedreigingen of veiligheidsrisico's. Inlichtingendiensten kunnen bijvoorbeeld via hun onlineactiviteiten de planning van gewelddadige gebeurtenissen, de verspreiding van desinformatie of de radicalisering van individuen detecteren.
- **Profilering van individuen en groepen:** Analyse van sociale media-gegevens maakt het mogelijk gedetailleerde profielen van individuen en groepen te creëren, wat nuttig kan zijn voor onderzoeken van inlichtingendiensten of wetshandhavingsinstanties. Door de online activiteiten van een persoon of entiteit te onderzoeken, kunnen analisten inzicht krijgen in hun interesses, voorkeuren, connecties en gedrag.
- **Realtime volgen van gebeurtenissen:** Sociale media bieden een realtime venster op gebeurtenissen die over de hele wereld plaatsvinden. Dankzij gegevensanalyse op deze platforms kunnen inlichtingendiensten gebeurtenissen zoals protesten, natuurrampen of gewapende conflicten monitoren, waardoor de besluitvorming en snelle reactie op noodsituaties worden vergemakkelijkt.

Samenvattend is de data-analyse van sociale media een krachtig hulpmiddel in open source-inlichtingen, waardoor inlichtingendiensten informatie kunnen verzamelen, trends kunnen identificeren, bedreigingen en risico's kunnen detecteren, individuen en groepen kunnen profileren en gebeurtenissen in realtime kunnen volgen om de veiligheid en het welzijn te behouden. van de samenleving.

De sociale netwerken die het meest worden gebruikt voor data-analyse in open source intelligence variëren per regio en specifieke context, maar enkele van de meest populaire platforms zijn:

- **Twitter, nu X genoemd** : is een primaire gegevensbron voor inlichtingenanalyse geworden, dankzij de onmiddellijke publicatiecapaciteit en de diversiteit aan onderwerpen die het behandelt. Met ongeveer **330 miljoen** actieve gebruikers per maand en meer dan **500 miljoen** tweets per dag biedt Twitter een enorme schat aan informatie. Hashtags en **vermeldingen** op Twitter, nu onder de naam X, zijn uitzonderlijke hulpmiddelen voor het monitoren van gesprekken over actuele gebeurtenissen, het ontwikkelen van trends en het peilen van de publieke opinie .

- **Facebook:** Hoewel sommige informatie op Facebook wordt beschermd achter privacy-instellingen, blijft dit sociale netwerk een rijke bron van openbaar toegankelijke gegevens. Met maandelijks meer dan **2,8 miljard actieve gebruikers is het platform een bijenkorf van dagelijkse interacties.** Openbare groepen, nieuwspagina's en evenementen zijn open vensters om de activiteiten, interesses en perspectieven van deelnemers te begrijpen.

- **YouTube:** deze gigant op het gebied van multimedia-inhoud is van cruciaal belang vanwege de diversiteit aan materialen, waaronder nieuwsvideo's, openbare toespraken en documentaires. Met een publiek van ruim **twee miljard actieve** leden per maand en dagelijks meer dan **een miljard** uur aan video's bekeken, is YouTube een schat aan gegevens. Het onderzoek naar commentaren, aantal views en metadata van de video's kan waardevolle trends blootleggen over de interesses en overheersende meningen op een gegeven moment.

- **Instagram:** een populair platform voor het delen van foto's en video's, dat unieke perspectieven biedt op evenementen, bestemmingen en activiteiten van deelnemers. Met een community van meer dan **een miljard** actieve gebruikers per maand en meer dan **500 miljoen** verhalen die elke dag worden gepubliceerd, is de analyse van *hashtags* , geolocaties en vermeldingen de sleutel tot het ontcijferen van digitale trends en gedrag.

- **TikTok:** Dit dynamische sociale mediaplatform maakt het gemakkelijk om korte video's te maken en te verspreiden. Met een publiek van meer dan een miljard maandelijkse actieve makers heeft het de aandacht van de jonge generatie getrokken en is het een epicentrum geworden voor virale videotrends, entertainment, muziek en popcultuur. Voor inlichtingenanalyse is het een goudmijn vanwege de zeer gedeelde inhoud en de snel veranderende trends.

- **LinkedIn:** Dit sociale netwerk is het middelpunt van de professionele wereld, waar gebruikers informatie over hun carrière uitwisselen, werkrelaties tot stand brengen en op de hoogte blijven van nieuws uit de branche. Met meer dan **800 miljoen** professionals in meer dan **200 landen** en gebieden is LinkedIn een bron van onschatbare waarde voor inlichtingenanalyse. Nauwkeurig onderzoek van profielen, netwerken en updates kan cruciale inzichten verschaffen in het begrijpen van trends en bewegingen op de werkplek en in de bedrijfsomgeving.

- **Reddit:** een platform voor het insluiten van inhoud waar leden links en berichten kunnen indienen, stemmen en erop kunnen reageren. Met meer dan **430 miljoen** maandelijkse actieve gebruikers valt Reddit op door zijn gespecialiseerde onderwerpgemeenschappen, bekend als *subreddits* , die een grote verscheidenheid aan interesses en onderwerpen behandelen. Het analyseren van discussies, stemmen en commentaren op Reddit kan uiterst nuttig zijn voor het begrijpen van de publieke opinie, het identificeren van opkomende trends en het monitoren van actuele gebeurtenissen op verschillende interessegebieden.

Dit zijn slechts enkele van de meest gebruikte sociale netwerken voor data-analyse in open source intelligence. Afhankelijk van de context en doelstellingen van het onderzoek kunnen inlichtingendiensten verschillende platforms gebruiken om relevante informatie te verzamelen en een vollediger inzicht te krijgen in actuele gebeurtenissen en trends.

Met deze exponentiële groei in online aanwezigheid is het vermogen om real-time gesprekken te monitoren, analyseren en eraan deel te nemen cruciaal geworden voor het behouden van een concurrentievoordeel en een betekenisvolle verbinding met doelgroepen. Dan ontstaat de behoefte om gespecialiseerde tools toe te passen om de prestaties bij data-analyse op sociale netwerken te optimaliseren. Als u werkt voor een overheidsinstelling of een bedrijf met een marketing- en reclameafdeling, of betrokken bent bij een marktonderzoeks- of analyse-entiteit, let dan goed op, want de technologische oplossingen die ik hieronder met u deel, en die u nooit zullen vertellen een inlichtingendienst, ze zullen u veel tijd en geld besparen.

Vervolgens laat ik u enkele van de belangrijkste tools zien die beschikbaar zijn voor het beheer en de analyse van sociale media, zoals Hootsuite, Buffer, Brandwatch, Sprout Social, Talkwalker, Meltwater en Crimson. Zeshoek (Brandwatch consument Onderzoek), waarin de belangrijkste kenmerken en het nut ervan in het huidige landschap van sociale netwerken worden benadrukt. Met deze platforms kunt u, naast het plannen van uw berichten en het uitvoeren van gegevensanalyses, profiteren van hun geavanceerde functionaliteiten voor het bijhouden van vermeldingen, het identificeren van opkomende trends, sentimentanalyse en het identificeren van beïnvloeders, waardoor u een uitgebreid en gedetailleerd beeld krijgt van het gedrag van uw gebruikers. uw doelgroep online.

Laten we de bijzonderheden ervan in meer detail bekijken:
- **Hootsuite** : het is een uitgebreide oplossing waarmee u meerdere sociale netwerken kunt monitoren, berichten kunt plannen, gegevensanalyses kunt uitvoeren en gebruikersbetrokkenheid kunt beheren vanuit één enkele interface. Het is vooral handig voor het realtime monitoren van gesprekken op netwerken zoals Twitter, nu X, Facebook, Instagram en LinkedIn. De geavanceerde functies omvatten het volgen van vermeldingen, trendidentificatie, meting van het sentiment van het publiek en gedetailleerde prestatieanalyse van gepubliceerde inhoud.

- **Buffer** : Net als bij Hootsuite kunt u met Buffer berichten plannen op meerdere sociale netwerken en prestatieanalyses bieden om de impact van berichten te evalueren. Het is uiterst handig voor het monitoren van sociale media-activiteiten. Dankzij de intuïtieve interface en de mogelijkheid om optimale publicatietijden te identificeren, kunt u het bereik en de betrokkenheid van uw publiek optimaliseren en middelen besparen.

- **Brandwatch :** Brandwatch staat bekend om zijn geavanceerde mogelijkheden voor analyse van sociale media en biedt het volgen van vermeldingen, sentimentanalyse, identificatie van beïnvloeders en detectie van opkomende trends. Het is vooral nuttig voor het begrijpen van de publieke perceptie over specifieke onderwerpen, het uitvoeren van concurrentieanalyses en het dienovereenkomstig aanpassen van uw strategieën.

- **Sprout Social :** biedt een robuuste set tools voor het beheer van sociale media, gegevensanalyse en aangepaste rapportage. Hiermee kunt u de activiteit van meerdere sociale accounts monitoren, de impact van campagneprestaties meten en mogelijkheden voor interactie en betrokkenheid van de doelgroep identificeren.

- **Talkwalker :** gebruikt geavanceerde algoritmen om trends en patronen in grote hoeveelheden sociale gegevens te identificeren, realtime analyses, merktracking en identificatie van beïnvloeders te bieden. Ideaal voor instellingen en bedrijven die geïnteresseerd zijn in het beheren van hun online reputatie.

- **Meltwater** – Gespecialiseerd in mediamonitoring en analyse van sociale media om bedrijven en organisaties te helpen de publieke opinie te begrijpen, potentiële crises te identificeren en de impact van marketingcampagnes te meten. De geavanceerde tools bieden een gedetailleerd beeld van het digitale landschap.

- **Karmozijnrood Zeshoek (Brandwatch consument Onderzoek) :** Biedt diepgaande analyse van sociale media, inclusief doelgroepsegmentatie en detectie van opkomende onderwerpen. Het is nuttig om de houding en het gedrag van de doelgroep te begrijpen.

Dit zijn slechts enkele van de vele beschikbare tools, aangezien sociale media een rijke bron van gegevens en inzichten zijn, en er een verscheidenheid aan platforms is die zijn ontworpen om deze cruciale informatie te extraheren en te analyseren. De keuze voor de optimale oplossing hangt af van de eisen van de inlichtingenanalist en de strategische doelstellingen van het onderzoek. Daarom raad ik u aan verschillende alternatieven te verkennen en verschillende opties uit te proberen, totdat u degene vindt die aansluit bij uw behoeften.

Voor overheden en inlichtingendiensten kan de selectie van platforms voor analyse van sociale media worden beïnvloed door factoren zoals operationele behoeften, inkoopbeleid en beschikbare budgetten. Ondanks de diversiteit aan opties zijn sommige tools en platforms onder overheden populair geworden vanwege hun effectiviteit en nauwkeurigheid, waaronder:

- **Palantir** : Hoewel het niet exclusief is ontworpen voor het beheer van sociale media, is de toepassing ervan in de overheidssector uitgebreid. Hiermee kunt u grote hoeveelheden informatie uit verschillende bronnen integreren, visualiseren en analyseren. Deze mogelijkheid omvat de mogelijkheid om sociale-mediagegevens op te nemen en te onderzoeken, waardoor het een waardevol hulpmiddel is voor het begrijpen van de complexe sociale dynamiek en mondiale trends.

- **Dataminr** : Gespecialiseerd in het leveren van realtime waarschuwingen, essentieel voor het nemen van cruciale beslissingen. Door gegevens uit sociale netwerken te analyseren en te integreren met andere bronnen van openbare informatie, is dit platform een strategische bondgenoot voor overheidsinstanties. Dankzij de geavanceerde technologie voor gebeurtenisdetectie kunnen we opkomende trends identificeren en snel reageren op situaties die de nationale veiligheid in gevaar kunnen brengen. Het vermogen om grote hoeveelheden gegevens in realtime te filteren en analyseren, maakt het tot een onmisbaar hulpmiddel op het gebied van inlichtingen en risicopreventie.

- **NC4** : Blinkt uit op het gebied van situationele intelligentie en dreigingsanalyse, waardoor organisaties de mogelijkheid hebben om kritieke gebeurtenissen in realtime te monitoren en potentiële risico's effectief te evalueren. Dit platform is met name waardevol voor overheden en bedrijven en biedt oplossingen voor beveiligingsinformatie die zijn afgestemd op hun behoeften. Het omvat een gedetailleerde analyse van sociale netwerken, waardoor vroegtijdige detectie van bedreigingen en de implementatie van preventieve maatregelen mogelijk wordt. Het vermogen van NC4 om een alomvattend beeld te geven van risico's en wanneer deze zich voordoen, maakt het tot een essentieel hulpmiddel voor proactief beveiligingsbeheer.

- **Media Sonar** : Biedt een uitgebreide analyse van sociale netwerken en het dark web, belangrijke hulpmiddelen voor het identificeren van potentiële bedreigingen. Faciliteert inlichtingenonderzoeken op hoog niveau en versterkt cyberbeveiligingsoperaties. Dankzij de mogelijkheid om gegevens uit meerdere digitale bronnen te analyseren, kunt u proactief bedreigingen detecteren en verdachte online activiteiten monitoren. Hierdoor levert het waardevolle en toepasbare informatie op die essentieel is voor de publieke veiligheid.

- **Sysomos** : Het wordt algemeen erkend op marketinggebied vanwege zijn mogelijkheden voor klantanalyse. Het nut ervan overstijgt dit gebied echter, aangezien overheidsinstanties het ook gebruiken voor de geavanceerde functionaliteiten voor sociale netwerkanalyse. Het platform is effectief in het monitoren en onderzoeken van gesprekken over zaken van publiek belang. Met de tools kun je trends volgen, het algemene sentiment meten en invloedrijke figuren detecteren, wat interessant is, vooral wanneer politieke en militaire leiders geïnteresseerd zijn in het begrijpen en beheren van de sociale dynamiek in verschillende contexten.

Het is essentieel om te erkennen dat het gebruik van sociale netwerkanalysetools door overheidsinstanties wordt gereguleerd door privacybeleid en specifieke wetgeving. Toegang tot en gebruik van gegevens uit sociale media voor inlichtingendoeleinden moet gebeuren met een scherp ethisch bewustzijn, aangezien er grote zorgen kunnen rijzen rond privacy en individuele rechten. Daarom is het absoluut noodzakelijk dat overheden de nodige zorgvuldigheid en transparantie betrachten bij de implementatie van deze technologieën, en ervoor zorgen dat het gebruik ervan in overeenstemming is met de ethische principes en de huidige regelgeving.

Inlichtingen- en sociale engineeringbureaus

Social engineering en wilsmanipulatie zijn steeds vaker voorkomende fenomenen in onze digitale samenleving. Deze termen verwijzen naar de psychologische manipulatie van individuen of groepen om vertrouwelijke informatie te verkrijgen, bepaald gedrag te veroorzaken of hen over te halen specifieke acties uit te voeren.

In een omgeving waarin onze persoonlijke informatie direct online beschikbaar is, zijn sociale mediagegevens een krachtig hulpmiddel geworden voor degenen die social engineering beoefenen. Hier zijn enkele manieren waarop u het slachtoffer kunt worden van social engineering:

- **Extractie van gevoelige informatie:** Door middel van bedrog kunnen aanvallers proberen u over te halen gevoelige gegevens vrij te geven, zoals wachtwoorden of persoonlijke informatie, die kunnen worden uitgebuit bij fraude of cybercriminaliteit.

- **Manipulatie van percepties en gedrag:** Via social engineering kan foutieve of misleidende informatie op sociale netwerken worden verspreid, in een poging de meningen en het gedrag van mensen zoals jij en ik te veranderen. Dit omvat de verspreiding van nepnieuws en de manipulatie van publieke discussies.

- **Identiteitsvervalsing:** Cybercriminelen doen zich vaak voor als legitieme individuen of entiteiten op sociale media, om u te misleiden zodat u toegang krijgt tot voorkennis of om namens hen frauduleuze activiteiten uit te voeren.

- **Netwerk- en systeempenetratie:** Het kan ook worden gebruikt om computernetwerken en -systemen te infiltreren door werknemers of andere geautoriseerde gebruikers te misleiden, wat kan inhouden dat er phishing-e-mails worden verzonden *of* nepwebsites worden gemaakt die zijn ontworpen om u in verwarring te brengen en u in hun val te laten lopen.

Om burgers tegen dergelijke bedreigingen te beschermen spelen inlichtingendiensten een cruciale rol. Met behulp van geavanceerde data-analysetechnieken worden patronen van verdacht online gedrag gedetecteerd die kunnen duiden op pogingen tot manipulatie of social engineering. Door het monitoren van sociale media en andere online platforms worden ongebruikelijke of afwijkende activiteiten geïdentificeerd die een bedreiging kunnen vormen voor de veiligheid van individuen of de samenleving als geheel.

Deze instanties spelen ook een belangrijke rol bij het onderwijzen en vergroten van het bewustzijn over deze gevaren, door het aanbieden van middelen en advies om de cyberbeveiliging te versterken en de kwetsbaarheid voor dit soort aanvallen te minimaliseren.

Het is essentieel om belangrijke maatregelen te implementeren om burgers die het slachtoffer kunnen worden van social engineering te identificeren en te beschermen, zoals:

- **Voorlichting en bewustwording:** Informeer burgers over social engineering-tactieken en hoe ze deze kunnen herkennen, signaleer alarmsignalen en promoot veilige onlinepraktijken.

- **Training van personeel:** Train personeel om potentiële bedreigingen te identificeren en erop te reageren, door middel van *phishing- oefeningen* en andere trainingsactiviteiten.

- **Monitoren van verdachte activiteiten:** Detecteer ongebruikelijke online activiteiten met behulp van data-analysetools om patronen van verdacht gedrag in cyberspace te identificeren.

- **Intersectorale samenwerking:** allianties met de particuliere sector om informatie over bedreigingen uit te wisselen en strategieën met technologiebedrijven over dit onderwerp te ontwikkelen.

- **Ontwikkeling van beschermingsinstrumenten:** Innoveren op het gebied van beveiligingstechnologieën, door geavanceerde instrumenten en technologieën te creëren om burgers te helpen zichzelf te beschermen tegen social engineering, zoals meervoudige authenticatiesystemen en meer geavanceerde antivirussoftware .

Het wordt ook aanbevolen dat gebruikers zich bewust zijn van deze tactieken en concrete stappen ondernemen om zichzelf te beschermen tegen social engineering. Hieronder deel ik enkele eenvoudige acties die u kunt ondernemen:

- **Controleer de privacy-instellingen:** zorg ervoor dat u de privacy-instellingen op uw sociale media-accounts controleert en aanpast om de hoeveelheid persoonlijke informatie die u openbaar deelt te beperken.

- **Online veiligheidseducatie:** Onderzoek en profiteer van de online beschikbare middelen tegen cybercriminaliteit. Actief deelnemen aan educatieve programma's die zich verdiepen in effectieve methoden om social engineering en andere digitale gevaren tegen te gaan.

- **Bijgewerkte informatie:** blijf op de hoogte van de nieuwste tactieken en trends op het gebied van social engineering, zodat u potentiële online aanvallen kunt herkennen en vermijden.

- **Meld verdachte activiteiten:** Als u verdachte activiteiten online opmerkt, zoals verzoeken om persoonlijke informatie of vreemd gedrag op sociale media, meld dit dan zo snel mogelijk aan de autoriteiten of online platforms.

Door het bewustzijn en de verdediging tegen deze maatregelen te versterken, kan het risico dat burgers online worden gemanipuleerd of misleid, worden verkleind, waardoor de wil en veiligheid van de samenleving worden beschermd in een steeds complexere en steeds meer verbonden digitale omgeving. Samen kunnen wij een verschil maken!

Boeken | films en series - 60 belangrijkste feiten

[De pijlers van intelligentie]

BOEKEN:

1. **"De spion die te veel wist "** - El Topo | Tinker Kleermaker soldaat Spion | John le Carré, 2014

Deze zeer beroemde spionageroman die zich afspeelt in de jaren '70, tijdens de Koude Oorlog, over mollen en lampopstekers, hoofdhuidjagers en straatartiesten, waar mannen worden verwisseld, verbrand en gekocht. Het richt zich op de zoektocht naar een spion die is geïnfiltreerd aan de top van MI6.

Na het mislukken van een speciale missie in Hongarije vindt er een kentering plaats in de top van de Britse geheime diensten. De hoofdpersoon is George Smiley, een gepensioneerde veteraan van de Britse geheime inlichtingendienst, ook wel bekend als MI6 of SIS, die, ondanks dat hij gescheiden is, nodig is voor een speciale missie: uitzoeken van wie de 'mol' is die de koepel heeft geïnfiltreerd de Dienst.

Met de hulp van andere gepensioneerde agenten verzamelt Smiley informatie en stelt hij de stukken samen die nodig zijn om de verrader te ontdekken. Het verhaal is een complex spel van spionage en intriges dat de spanning en het wantrouwen van de Koude Oorlog weerspiegelt. De roman is verfilmd tot een televisieserie en een film en is een maatstaf in het spionagegenre. Beschikbaar op Amazon https://amzn.to/3IYWLoo

2. **"De kunst van intelligentie"** - The Ambacht van Intelligentie | Allen W.Dulles, 1963

Dit werk geschreven door Allen W. Dulles, die tussen 1953 en 1961 directeur was van de Central Intelligence Agency (CIA) van de Verenigde Staten, is een klassieker in zijn genre en wordt door velen beschouwd als een van de meest didactische en fascinerende boeken van allemaal. tijd.

Behandelt de evolutie van inlichtingen en spionage in de Verenigde Staten en biedt een kijkje in de CIA-operaties en -strategieën tijdens de Koude Oorlog. Terwijl ze blootlegden hoe de Verenigde Staten, ondanks dat ze slechts 6% van de wereldbevolking hadden, destijds 50% van de rijkdom van de wereld bezaten.

Legt de taak van het verzamelen uit, hoe informatie wordt verkregen en hoe deze wordt verwerkt. Analyseert de inlichtingendiensten van de Sovjet-Unie en andere communistische landen, contraspionage, de kunst van het spioneren tijdens de Koude Oorlog en het noodzakelijke evenwicht tussen nationale veiligheid en individuele vrijheid in een vrije samenleving. Beschikbaar op Amazon https://amzn.to/3J2st4h

3. ***"Geheimen van Navajo Code Talkers"*** - Geheimen van de Navajo- code Praters | Rachael L.Thomas, 2023

Dit interessante boek, 'Secrets of the Navajo Code Talkers', biedt een uniek inzicht in hoe inlichtingendiensten, met name de Amerikaanse marine, de Navajo-taal gebruikten als coderingsinstrument tijdens de Tweede Wereldoorlog. De Navajo-mariniers creëerden een code gebaseerd op hun moedertaal, een inheemse Noord-Amerikaanse taal die tot op de dag van vandaag bestaat, die een geavanceerd en radio-onontcijferbaar mechanisme bleek te zijn voor de Japanse vijand.

In tijden van oorlog helpen onbreekbare codes legers om veldslagen te winnen. Het boek beschrijft hoe deze mariniers tijdens de oorlog hun leven riskeerden om geheime berichten te vertalen. Het verklaart ook waarom de Navajo-taal ideaal was voor het coderen van berichten, met een voorbeeld van de speciale woordenschat die programmeurs in de strijd gebruikten.

De film "War Codes" of *Windtalkers* , met in de hoofdrol Nicolas Cage, gebaseerd op echte gebeurtenissen, dient om te begrijpen hoe orders werden doorgegeven aan Navajo-vertalers en zij deze in hun taal uitvaardigden aan andere Navajo-operatoren van andere divisies (artillerie, luchtvaart, commandobasis, bataljons enz.) op Saipan tijdens de Tweede Wereldoorlog, zodat de Japanners er nooit in slaagden het te ontcijferen. Het boek is beschikbaar op Amazon https://amzn.to/4cC8Ayw

4. ***"Vrouwelijke spionnen: intriges en sabotage achter de vijandelijke linies"*** - Spion Vrouwen : intriges en sabotage Achter Vijand Lijnen | Laura Manzanera, 2008

De publicatie 'Women Spies: Intrigues and Sabotage Behind Enemy Lines' daagt het stereotiepe beeld uit van vrouwelijke spionnen als simpele verleidsters, en presenteert een fascinerend verslag van hoe vrouwen sinds de oudheid een essentiële rol hebben gespeeld in de geheime diensten. Gedurende de 448 pagina's behandelt het boek het onderwerp van inlichtingendiensten, waarbij de verhalen worden belicht van vrouwen uit verschillende perioden en nationaliteiten, die, gemotiveerd door patriottisme, idealisme, een verlangen naar avontuur, liefde of wraak, de hoofdrolspelers zijn geweest in episoden die cruciaal zijn voor geschiedenis.

De auteur verzamelt emblematische voorbeelden zoals: Virginia de Castiglione die op het bed van Napoleon III lag voor de onafhankelijkheid van Italië; of Belle

Boyd die door het kruisvuur liep om een boodschap over te brengen aan generaal Jackson; of Josephine Baker die door Europa reisde met verborgen boodschappen in de partituren van haar show.

Women Spies is een verdienstelijke erkenning van de rol van de linkerhand, evenals een interessante rondleiding door de avonturen van de beste spionnen uit de geschiedenis. Beschikbaar op Amazon met deze link: https://amzn.to/3TXSEPG

5. **'Onderzoekers: agenten Secretos "** - Onderzoekers: agenten van SUIT | John Patrick Groen, 2020

Het boek "InvestiGators: Agents of SUIT" is een uitbreiding van het universum van de graphic novel-serie "InvestiGators", gericht op jonge lezers, die de avonturen presenteert van Mango en Brash , twee krokodillendetectives die deel uitmaken van een geheim agentschap genaamd SUIT (Special Undercover Onderzoek Teams). Jouw missie is om mysteries op te lossen en de stad te beschermen tegen schurken die problemen proberen te veroorzaken. Het is oorspronkelijk in het Engels geschreven, met meer dan 10 publicaties.

Het boek behandelt het onderwerp inlichtingendiensten aan de hand van de avonturen van deze personages en benadrukt hoe veldagenten een cruciale rol spelen bij het oplossen van mysteries en het beschermen van de samenleving.

Tot nu toe zijn de volgende 4 titels in het Spaans vertaald: " *InvestiGators 1 - Agenten met veel tanden* ", " *InvestiGators 2 - Ga naar het toilet* ", " *InvestiGators 3 - Tot ziens, krokodil* " en " *InvestiGators 4 - Mieren tegen robots* ". De volledige serie is beschikbaar op Amazon in het Engels https://amzn.to/3xpl8Ji en in het Spaans hier: https://amzn.to/3TVujtQ

FILMS:

1. **"De spion die te veel wist"** - El Topo | Verenigd Koninkrijk, 2012
[Onderzoek en analyse]

" Tinker Kleermaker soldaat Spy ", ook wel bekend als "The Spy Who Knew Too Much" of "The Mole", is een spannend drama dat zich afspeelt in de jaren zeventig, tijdens de Koude Oorlog, nadat een speciale missie in Hongarije mislukt en veranderingen veroorzaakt bij de Britse geheime diensten. Gepensioneerd agent George Smiley wordt gerekruteerd om de identiteit te ontdekken van een 'mol' die is geïnfiltreerd in de top van de dienst. De film behandelt onderwerpen als surveillance, ethische dilemma's en persoonlijke verandering in een context van politieke onderdrukking, waarbij het belang van inlichtingenanalyse en het vermogen om waarheid van leugens te onderscheiden wordt benadrukt. Met in de hoofdrollen Gary Oldman , Mark Strong en John Hurt , biedt deze film een fascinerende verkenning van de ingewikkelde aspecten van spionage tijdens deze cruciale periode in de wereldgeschiedenis. Je kunt het bekijken op HBO Max en Apple TV. Afhankelijk van je locatie kun je het gratis krijgen op andere platforms zoals YouTube of Vudu .

2. **"SEAL- team Zes "** - Geronimo-code: De jacht op Bin Laden | VS, 2012

[Interagency coördinatie]

"SEAL- team Six ' Chronicle of the Hunt for Osama Bin Laden, bekend onder de codenaam 'Operatie Geronimo', is een televisiefilm die de geheime missie beschrijft die wordt uitgevoerd door het Amerikaanse SEAL-team om de leider van Al-Qaida te vangen of te elimineren en die verantwoordelijk is voor de aanslagen van 11 september 2001. Het plot concentreert zich op de voorbereiding, planning en uitvoering van de militaire operatie die culmineerde in de dood van Bin Laden in 2011. De film biedt een gedramatiseerde weergave van de gebeurtenissen, gebaseerd op openbaar beschikbare informatie en in getuigenissen van mensen die bij de operatie betrokken waren. In de hoofdrollen William Fichtner , Cam Gigandet , Kenneth Miller en anderen, waarbij het belang van coördinatie tussen instanties bij risicovolle missies als deze wordt benadrukt. Je kunt het krijgen op Amazon Prime Video en Apple TV.

3. **"Risicovolle leugens"** -Ware leugens | VS, 1994

[undercoveragent]

"Risky Lies" is een spannende actie-komediethriller die het leven volgt van een speciaal agent van de overheid met een dubbele identiteit. Hoewel hij een ogenschijnlijk gewoon leven leidt als verzekeringsverkoper, is hij in werkelijkheid een bekwame internationale spion die werkt voor Omega, een uiterst geheim agentschap dat belast is met de bestrijding van nucleair terrorisme. De hoofdpersoon, gespeeld door Arnold Schwarzenegger, wordt geconfronteerd met de moeilijke taak om zijn geheime leven weg te houden van zijn familie, vooral zijn vrouw, gespeeld door Jamie Lee Curtis. Wanneer hun twee werelden botsen, vindt er een reeks gebeurtenissen plaats die hen beiden in een gevaarlijk terroristisch complot meesleept, waardoor alles waar ze van houden in gevaar komt. Je kunt het vinden op verschillende streamingdienstplatforms zoals Netflix, Amazon Prime Video, HBO, Disney+ YouTube en anderen.

4. **"Ghosting"** - Ghosted | VS, 2023

[Vrouw in speciale operaties]

"Ghosting" is een romantische actiekomedie die Ana de Armas volgt in de rol van een sluwe CIA-agent, in een vrouwelijke versie die doet denken aan 007. Naast haar speelt Chris Evans, de voormalige Captain America, een charmante man die diep in verliefd op deze raadselachtige geheimagent. Voordat ze op een tweede date kunnen gaan, raken ze verwikkeld in een spannend internationaal avontuur om de wereld te redden. De film biedt spannende actiescènes geïnspireerd door producties als John Wick, waarin het stel vecht tegen de tijd en vijanden om hun missie te voltooien en daarbij meer dan alleen romantiek ontdekt. Het is originele Apple TV-inhoud.

5. **"Mijn spion"** - Mijn Spion | VS, 2020
[Bewakingsoperatie]

In de actiekomedie 'My Spy' wordt een gedegradeerde CIA-agent gedwongen een 9-jarig meisje in de gaten te houden. Wanneer het meisje echter zijn ware identiteit ontdekt, chanteert ze hem, in plaats van hem te ontmaskeren, om haar te trainen en haar te leren cooler te zijn op school. Hoewel de film niet pretendeert realistisch te zijn, biedt hij een leuke inkijk in de wereld van de spionage en benadrukt hij het belang van technologie op dit gebied. Met Dave Bautista en Chloe Coleman in de hoofdrollen belooft de film momenten van actie en gelach terwijl het onwaarschijnlijke stel onverwachte avonturen beleeft. Beschikbaar op Amazon Prime Video.

SERIE:

1. **" Patriot "** | Patriot (VS, 2017)
[18 afleveringen | 2 seizoenen]

' Patriot ' valt op door zijn unieke benadering waarbij donkere humor wordt gecombineerd met momenten van intens drama. Het verhaal concentreert zich op de familie Tavner , met speciale aandacht voor John Tavner , een veteraan uit de oorlog in Irak die werkt als undercover inlichtingenofficier. Haar missie is om te voorkomen dat Iran kernwapens ontwikkelt. Om dit te bereiken infiltreert John een in Luxemburg gevestigd industrieel bedrijf, waarbij hij zich voordoet als pijplijnanalist. Naarmate de missie vordert, ontstaan er echter persoonlijke en professionele complicaties die zowel het doel als de eigen geestelijke gezondheid in gevaar brengen.

De serie biedt een frisse en originele kijk op het spionagegenre, met complexe karakters en een intrigerend verhaal. Vanuit het perspectief van John Tavner onderzoekt het onderwerpen als posttraumatische stress, moraliteit in inlichtingenwerk en de complexiteit van familierelaties. Het combineert elementen van komedie, spionage en spanning en biedt een uniek perspectief op de uitdagingen en spanningen waarmee inlichtingenagenten in hun werk worden geconfronteerd. Je kunt ' Patriot ' bekijken op Amazon Prime Video. Ik raad ook aan om JustWatch te controleren om te zien of het beschikbaar is op andere platforms zoals Filmin of Apple TV.

2. **" Brand Kennisgeving "** - Laatste kennisgeving | Vast in Miami | Operatie Miami (VS, 2007)

[111 afleveringen | 7 seizoenen]

Hoewel " Branden Notice 'won geen prijzen van grote namen, had gedurende de zeven seizoenen een loyale schare fans en werd gewaardeerd om zijn mix van humor, spionage en drama. De plot volgt Michael Westen , een voormalige spion die plotseling wordt "verbrand" of ontslagen en zijn speciale vaardigheden gebruikt om anderen in moeilijkheden te helpen. Zo kunt u parallel de kosten van uw persoonlijk onderzoek dekken.

Zonder enig idee waarom of wie heeft besloten hem terug te trekken, zonder verleden of geld, en niet in staat zijn gebruikelijke contacten te gebruiken en gedwongen de stad niet te verlaten,

Hij is vastbesloten de reden voor zijn plotselinge ontslag te achterhalen en misschien een manier te vinden om zich weer aan te sluiten bij de organisatie waartoe hij behoorde. Als je een van die liefhebbers bent van actie en humor, " Burn Notice ' biedt een spannend kijkje in het leven van een voormalige undercoveragent. De volledige serie in het Spaans is beschikbaar op Disney Plus.

3. **" Thuisland "** | Krijgsgevangene (VS, 2011)

[96 afleveringen | 8 seizoenen]

' Homeland ', dat wordt beschouwd als een van de beste drama's van de afgelopen jaren, is bekroond met vijf Golden Globe Awards en acht Emmy Awards. De serie is geïnspireerd op de veelgeprezen Israëlische serie " Hatufim " ("krijgsgevangene" in het Spaans). Het draait om Marine Sergeant Nicholas Brody, die acht jaar nadat hij in Irak vermist werd, naar huis terugkeert. Zijn terugkeer roept vragen op over de vraag of hij naar de vijand is overgegaan en nu een risico voor de nationale veiligheid vormt.

In Homeland volg je Carrie Mathison, een CIA-officier, in haar strijd tegen terrorisme en complexe internationale samenzweringen, waarbij elektronisch toezicht essentieel is om catastrofes te voorkomen. De serie onderzoekt thema's als spionage, terrorisme, moraliteit en de complexiteit van familierelaties. Je kunt Homeland bekijken op Disney Plus of andere platforms bekijken, zoals JustWatch of Filmaffinity om extra opties te vinden.

4. **" Hatoefiem "** - Gevangenen van Oorlog | Krijgsgevangene (ISR, 2011)

[24 afleveringen | 2 seizoenen]

De Israëlische televisieserie ' Hatufim ', in het Engels bekend als ' Prisoners' van War ", inspireerde het Amerikaanse televisiedrama " Homeland ". De plot concentreert zich op het verhaal van drie Israëlische soldaten die tijdens een missie in Libanon werden gevangengenomen en zeventien jaar lang als krijgsgevangenen werden vastgehouden. Nadat ze zijn vrijgelaten en gerepatrieerd naar Israël, volgt de serie hun leven, waarbij de nadruk ligt op hun moeilijke proces van re-integratie in de samenleving en hun families. Het onderzoekt de blijvende emotionele en psychologische gevolgen van gevangenschap, evenals de geheimen en trauma's waarmee zowel soldaten als hun families worden geconfronteerd terwijl ze proberen hun leven weer op te bouwen. Daarnaast onderzoekt het de ethische dilemma's en emotionele complexiteit rond krijgsgevangenen en hun dierbaren, terwijl thema's als loyaliteit, identiteit, vergeving en verlossing worden onderzocht.

" Hatufim " kreeg lovende kritieken vanwege zijn kalme, langzame en realistische stijl, evenals zijn focus op soldaten en families die getroffen zijn door oorlog. Het wordt beschouwd als een van de meest invloedrijke producties op de Israëlische televisie. Je kunt ervan genieten op Hulu, Apple TV en Netflix in Israël.

5. **" Gevaar Muis "** | De Justice Mouse (VK, 1981)

[161 afleveringen | 10 seizoenen]

"Danger Mouse" is een Britse animatieserie die de avonturen volgt van 's werelds meest geheime Engelse geheimagent, de dappere en gedurfde Danger Mouse, en zijn verlegen, maar loyale hulpje Penfold . Samen werken ze om de wereld te beschermen tegen allerlei schurken en bedreigingen, met behulp van een combinatie van vindingrijkheid, spionagevaardigheden en futuristische gadgets. Het zit boordevol humor en actie, met komische situaties en spannende missies die de kijkers vermaken. "Danger Mouse" is een klassieke serie die geliefd is bij generaties kinderen en die nog steeds populair is.

De originele serie werd uitgezonden van 1981 tot 1992, maar in 2015 was er ook een reboot die het verhaal voortzette met nieuwe avonturen. Afleveringen van "Danger Mouse" zijn te vinden op Netflix, Amazon Prime Video, Apple TV, Google TV en YouTube. Afhankelijk van uw locatie is het mogelijk ook beschikbaar op on-demand tv-streamingdiensten.

In dit hoofdstuk hebben we de pijlers onderzocht die ten grondslag liggen aan het complexe proces van operaties van inlichtingendiensten over de hele wereld. Deze organisaties, wier werk de conventionele grenzen van de staat overstijgt, zijn gebaseerd op drie essentiële pijlers: informatieverzameling, data-analyse en het genereren van inlichtingen.

Het verzamelen van informatie is de cruciale eerste stap in het proces. Het varieert van open bronnen die toegankelijk zijn voor het publiek tot geheime bronnen met beperkte toegang, waardoor instanties een volledig en accuraat beeld krijgen van de huidige situatie. Dit proces van actief en passief zoeken naar gegevens is essentieel om de uitdagingen op het gebied van de nationale veiligheid efficiënt aan te pakken.

Zodra de informatie is verzameld, gaan de experts de data-analysefase in. Hier onderzoeken ze de verzamelde gegevens grondig om patronen, trends en potentiële bedreigingen te identificeren. Dit proces, dat sterke analytische vaardigheden en het gebruik van geavanceerde tools zoals voorspellende analysesoftware en kunstmatige-intelligentiesystemen vereist, is van cruciaal belang om betekenisvolle inzichten uit de overvloed aan beschikbaar materiaal te halen.

Ten slotte komen we bij het genereren van inlichtingen, waarbij analisten operationele gegevens en middelen omzetten in relevante en kritische informatie voor besluitvormers. Deze intelligentie is transcendentaal in het formuleren van beleid en strategieën en draagt rechtstreeks bij aan de nationale veiligheid en het welzijn van de samenleving.

De rol van inlichtingendiensten is van fundamenteel belang in ons dagelijks leven, hoewel dit vaak onopgemerkt blijft. Van misdaadpreventie tot het anticiperen op internationale crises: deze organisaties werken onvermoeibaar om cruciale informatie te verstrekken die de veiligheid en het welzijn van het land helpt beschermen. Hun werk, gebaseerd op een combinatie van surveillance, analyse en het genereren van inlichtingen, heeft een directe impact op onze veiligheid en kwaliteit van leven.

Om uw begrip van de fascinerende wereld van inlichtingendiensten te verdiepen, nodig ik u uit enkele van de voorgestelde films of series te verkennen. Daarnaast zou ik het leuk vinden als u uw reflecties en opmerkingen deelt op het boekrecensieforum op Amazon. Uw mening is waardevol en kan andere lezers helpen een weloverwogen beslissing over dit boek te nemen.

In het volgende hoofdstuk zullen we doorgaan met het verkennen van fundamentele kwesties die verband houden met de mondiale veiligheid en de uitdagingen waarmee inlichtingendiensten in de hedendaagse wereld worden geconfronteerd. Je leert over cyberintelligentie, contraspionage, terrorismebestrijding en nog veel meer. Ben jij klaar om een duik te nemen in de wereld van digitale spionage en cybersecurity?

HOOFDSTUK 3: INTELLIGENTIE-OPERATIES EN WERELDWIJDE VEILIGHEID

Net als onzichtbare pilaren die het dak van de mondiale veiligheid ondersteunen waaronder wij allemaal schuilen, strekt de invloed van deze entiteiten zich uit van de hoogste bestuursniveaus tot de straten waar we elke dag rondlopen.

Haar agenten werken moedig om te anticiperen op en neutraliseren van bedreigingen die onze dagelijkse routines zouden kunnen verstoren, van terroristische aanslagen tot door de mens veroorzaakte natuurrampen. Door dit te doen, stellen ze de samenleving in staat zich te concentreren op ontwikkeling en welzijn, zonder zich voortdurend zorgen te hoeven maken over de veiligheid ervan.

De gemoedsrust waarmee we reizen, het vertrouwen in de economische stabiliteit en de bescherming van onze online privacy zijn slechts enkele van de manieren waarop inlichtingendiensten ons leven beïnvloeden.

In dit hoofdstuk zal ik enkele geheimen onthullen over de impact die deze activiteiten hebben op de stabiliteit en veiligheid op lokaal, nationaal en mondiaal niveau. Met historische en actuele praktijkvoorbeelden zullen we de onmisbare rol ervan in belangrijke geopolitieke gebeurtenissen illustreren. Hoewel hun werk discreet is, zijn deze entiteiten stille architecten van de loop van de geschiedenis en fundamentele pijlers voor harmonie en veiligheid in onze steeds meer onderling verbonden wereld.

We zullen onderzoeken hoe geheime operaties, het verzamelen van inlichtingen en de samenwerking met buitenlandse inlichtingendiensten het buitenlands beleid en de internationale betrekkingen beïnvloeden. Daarnaast zullen we ingaan op de gevolgen van cyberveiligheid en cyberspionage in het digitale tijdperk, waarbij we benadrukken hoe inlichtingendiensten hun strategieën aanpassen om opkomende dreigingen op dit gebied het hoofd te bieden.

Strategische Operaties
Als u de eigenaar was van een klein lokaal voedingsbedrijf en merkt dat een concurrent in de buurt meer klanten trekt, ondanks dat hij een soortgelijk menu aanbiedt als het uwe. U vermoedt dat ze oneerlijke tactieken gebruiken om een oneerlijk voordeel op de markt te behalen.

inlichtingenoperatie uit te voeren om deze situatie te onderzoeken. U begint met het observeren van de activiteiten van uw concurrent gedurende een aantal dagen om gedrags- en activiteitspatronen te detecteren. Je merkt dat in korte tijd een groot aantal mensen het etablissement binnenkomt en verlaat, maar je kunt geen enkel uniek kenmerk identificeren dat het succes ervan verklaart.

Vervolgens besluit u met enkele klanten te praten die beide bedrijven bezoeken om informatie over hun ervaringen te krijgen. U ontdekt dat sommige klanten speciale aanbiedingen en exclusieve kortingen hebben ontvangen bij een bezoek aan het bedrijf van uw concurrent, wat zou kunnen verklaren waarom zij meer klanten aantrekken.

Met deze informatie kunt u uw *marketingstrategie* aanpassen en soortgelijke promoties aanbieden om meer klanten naar uw bedrijf te trekken. U kunt ook overwegen om, indien nodig, de oneerlijke handelspraktijken van uw concurrent aan de relevante autoriteiten te melden.

Net zoals een restauranteigenaar naar zijn concurrenten kijkt, markttrends bestudeert en met zijn klanten praat om zijn zaken te verbeteren, verzamelen overheidsinlichtingendiensten informatie uit verschillende bronnen om inzicht te krijgen in de bedreigingen, kansen en uitdagingen waarmee het land wordt geconfronteerd.

Beiden moeten alert zijn op veranderingen in de omgeving, verborgen patronen ontdekken en anticiperen op mogelijke risico's om concurrerend en veilig te blijven. Of het nu gaat om het opsporen van oneerlijke tactieken op de markt of het voorkomen van terroristische activiteiten, inlichtingen zijn essentieel voor effectieve besluitvorming en het beschermen van de belangen van zowel het bedrijf als het land.

Deze analogie helpt illustreren hoe inlichtingenoperaties, hoewel vaak geassocieerd met overheid en nationale veiligheid, ook parallellen vertonen in het dagelijks leven van mensen, wat hun relevantie en toepasbaarheid in verschillende contexten aantoont.

Strategische operaties van inlichtingendiensten zijn geplande en uitgevoerde acties om de nationale veiligheid te beschermen, bedreigingen te voorkomen en de belangen van het land in de internationale arena te bevorderen. Deze geheime operaties bestrijken verschillende gebieden, zoals **contraspionage**, **terrorismebestrijding** en **cyberinlichtingen** en het verzamelen van strategische informatie.

Het is van cruciaal belang dat burgers de strategische operaties van inlichtingendiensten begrijpen, omdat deze een inzicht bieden in methoden om hun veiligheid en welzijn op alle niveaus te beschermen. Weten hoe deze activiteiten werken, bevordert het bewustzijn over de huidige dreigingen, hoe deze worden geconfronteerd en de maatregelen die worden genomen om de bevolking te verdedigen.

Als we begrijpen wat het doel van contraspionage is, kunnen we, als het ons overkomt, bijdragen aan het beschermen van nationale geheimen en gevoelige informatie tegen buitenlandse spionage tegen ons land. Vertrouwd raken met terrorismebestrijdingsoperaties geeft gemoedsrust, wetende dat er proactieve inspanningen worden geleverd om aanslagen te voorkomen en onze samenleving te beschermen. Bovendien stelt het begrijpen van cyberintelligentie mensen in staat ons beter te verdedigen tegen digitale bedreigingen en onze persoonlijke informatie te beschermen.

Ik ben ervan overtuigd dat kennis over de strategische operaties van inlichtingendiensten burgers een dieper inzicht geeft in risicobeheer en de bescherming van de nationale veiligheid, en daarmee een cultuur van veiligheid en een veerkrachtiger samenleving bevordert.

Hieronder zal ik ingaan op de wijze waarop **contraspionage**, **terrorismebestrijding** en **cyberintelligentie** rechtstreeks van invloed zijn op de veiligheid en het welzijn van de samenleving als geheel, zelfs in alledaagse situaties die misschien onopgemerkt blijven.

Contraspionage richt zich op het opsporen en neutraliseren van de spionageactiviteiten van andere landen of entiteiten die de nationale veiligheid in gevaar kunnen brengen. Dit is vergelijkbaar met de bescherming van de persoonlijke levenssfeer en informatiebeveiliging in de digitale wereld. Daarom is het noodzakelijk om maatregelen te nemen om ongeautoriseerde toegang tot gevoelige gegevens te voorkomen.

Terrorismebestrijding omvat het identificeren, voorkomen, afschrikken en reageren op terroristische activiteiten, waarbij burgers worden beschermd tegen mogelijke bedreigingen of aanvallen. Hier heeft het meer te maken met de veiligheid bij openbare evenementen, de bescherming van kritieke infrastructuren en de reactie op noodsituaties, waarbij inlichtingen essentieel zijn om elke poging tot aanval of sabotage te kunnen anticiperen en neutraliseren.

Cyberintelligentie richt zich op het verzamelen **van** relevante informatie uit online bronnen om cyberdreigingen te begrijpen en tegen te gaan. Dit houdt in dat u zich beschermt tegen identiteitsdiefstal, onlinefraude en cyberaanvallen, waarbij het essentieel is om op de hoogte te zijn van de tactieken en technieken die door cybercriminelen worden gebruikt.

Met deze eenvoudige voorbeelden wilde ik illustreren hoe de strategische operaties van inlichtingendiensten een directe impact hebben op het dagelijks leven door veiligheid en bescherming te garanderen tegen verschillende bedreigingen, zowel fysiek als virtueel. Laten we nu naar het volgende niveau gaan!

Geheime operaties, essentiële elementen in het arsenaal van elke inlichtingendienst, zijn verweven met het dagelijks leven van mensen op manieren die vaak onopgemerkt blijven. Op de volgende pagina's kunt u ontdekken hoe deze operaties niet alleen cruciaal zijn voor de nationale veiligheid, maar ook de acties weerspiegelen die we elke dag ondernemen.

In het persoonlijke leven zijn deze vergelijkbaar met de maatregelen die we nemen om onze privégegevens te beschermen. Net zoals bureaus aliassen en vermommingen gebruiken om hun identiteit te verbergen, gebruiken wij gebruikersnamen en wachtwoorden om onze digitale identiteit te beschermen. De voorzichtigheid die we betrachten bij het online delen van persoonlijke informatie weerspiegelt de geheimhoudings- en verhullingstechnieken van inlichtingenagenten.

Op professioneel niveau worden deze tactieken weerspiegeld in de manier waarop bedrijven hun gegevens en bedrijfsstrategieën beschermen. Net zoals agenten in de schaduw werken om waardevolle informatie te verkrijgen, gebruiken professionals beveiligings- en vertrouwelijkheidsprotocollen om bedrijfsgeheimen te bewaren.

In de gemeenschap komen ze tot uiting in anonieme acties die bijdragen aan het collectieve welzijn. Net zoals deze entiteiten zonder publieke erkenning handelen om de veiligheid te garanderen, nemen mensen deel aan gemeenschapsinitiatieven, vaak zonder krediet te zoeken, om anderen te helpen en hun omgeving te verbeteren.

Deze analogieën tonen aan dat geheime operaties en inlichtingendiensten directe relevantie hebben voor ons dagelijks leven. Ze leren ons dat discrete acties en de bescherming van informatie, hoewel niet altijd zichtbaar, van fundamenteel belang zijn voor de veiligheid en het welzijn op alle niveaus van de samenleving.

Contraspionage

We hebben gezegd dat een van de fundamentele taken van deze organisaties contraspionage is, ook wel bekend als contraspionage, gericht op het identificeren en neutraliseren van zowel interne als externe bedreigingen voor de nationale veiligheid. Hierbij gaat het onder meer om het opsporen van potentiële spionnen en het voorkomen van lekken van vertrouwelijke informatie. Heeft u zich ooit afgevraagd hoe dit in de praktijk gebeurt? Ik zal het voor u illustreren met het volgende voorbeeld:

Stel dat u deelneemt aan een teamspel waarin u tegen andere groepen strijdt in een reeks fysieke en intellectuele uitdagingen. Tijdens een van de tests merk je dat een rivaliserend team altijd een stap voor lijkt te zijn, zelfs bij uitdagingen die strategie en planning vereisen.

U besluit contraspionagetechnieken toe te passen om te ontdekken hoe zij dit voordeel behalen. Je observeert hun bewegingen en gedrag tijdens uitdagingen en merkt dat ze zich vóór elke test altijd terugtrekken in een afgelegen hoekje om met elkaar te discussiëren. Je merkt ook dat ze net voordat ze aan elke uitdaging beginnen berichten op hun mobiele telefoon lijken te ontvangen.

Je besluit enkele leden van dat team te benaderen onder het voorwendsel om vrienden te maken en deel te nemen aan hun gesprekken. Door je interacties ontdek je dat ze hulp van buitenaf krijgen van een coach die hen strategieën en advies geeft om uitdagingen te overwinnen.

Met deze informatie in de hand informeer je de spelorganisatoren over de situatie en voorzie je hen van bewijsmateriaal, zoals screenshots van berichten ontvangen door het rivaliserende team. De organisatoren onderzoeken de zaak en ontdekken dat het team inderdaad hulp van buitenaf kreeg, wat in strijd is met de spelregels.

Als gevolg hiervan wordt het rivaliserende team gediskwalificeerd en worden er maatregelen genomen om te voorkomen dat zij in de toekomst hulp van buitenaf krijgen. Dankzij jouw contraspionagetoepassing is de eerlijkheid in het spel gegarandeerd en wordt de integriteit van de concurrentie beschermd.

Dat doen we vaker dan we denken!

Stel dat u de manager bent van een zeer succesvol technologiebedrijf dat innovatieve producten ontwikkelt. En u zult ontdekken dat een concurrerend bedrijf enkele van uw meest getalenteerde werknemers probeert in te huren om uw ideeën en bedrijfsgeheimen te stelen. Je zou niet werkeloos blijven zitten. Laten we eerlijk zijn!

De meest voorkomende is dat u, om dit te voorkomen, een team van beveiligingsexperts inhuurt die de communicatie en activiteiten van werknemers monitoren, op de technologische apparatuur die u hen ter beschikking heeft gesteld, om eventuele tekenen op te sporen dat zij vertrouwelijke informatie delen met de concurrentie. .

Ook implementeer je aanvullende beveiligingsmaatregelen, zoals het beveiligen van belangrijke bestanden met sterke wachtwoorden en het beperken van de toegang tot alleen geautoriseerde medewerkers. In dit geval zou uw bedrijf contraspionageoperaties uitvoeren om zijn activa te beschermen en zijn concurrentievoordeel op de markt te behouden.

Ik sluit af met mijn favoriete voorbeeld, dat ik vaak gebruik in mijn lessen over contraspionage. Het doet je zeker denken aan die vriend van je die een solide relatie heeft met zijn 'levenslange liefde' en vreemd gedrag bij zijn partner begint op te merken, zoals weggaan om een paar telefoontjes te beantwoorden of zijn telefoon zorgvuldiger dan normaal bewaken. Deze signalen roepen bij hem zorgen op, wat erop wijst dat hij iets belangrijks voor hem verborgen houdt.

Wanneer de angst van je vriend zijn waarden en morele principes overwint, geeft hij toe aan de verleiding en maakt hij de fout de privacy en intimiteit van zijn partner te schenden, door discreet zijn telefoon te controleren op verdachte berichten of aanwijzingen op sociale netwerken. Of erger nog, hij heeft het 'geweldige idee' om de wet te overtreden en een geheime detective te worden om de waarheid te ontdekken. U installeert een monitoringapplicatie op de telefoon van uw partner om berichten en oproepen op te nemen, of zelfs GPS, camera's of andere apparaten, waarmee u illegaal contraspionageoperaties uitvoert om de mogelijke ontrouw van uw partner te onderzoeken.

Na een zorgvuldig en heimelijk onderzoek, waarbij hij zijn contraspionagevaardigheden op ingenieuze wijze gebruikt, ontdekt je vriend dat zijn partner een charmante romantische verrassing plant in plaats van verraad, waardoor zijn vermoeden wordt bevestigd dat er iets abnormaals aan de hand is. Maar deze ervaring laat een belangrijke les achter: schijn bedriegt!

Ik heb altijd gezegd dat open en eerlijke communicatie essentieel is om eventuele zorgen of wantrouwen in de relatie te kunnen beheersen, dus als je zonder goede reden overgaat tot contraspionage, kan het vertrouwen en de band van het stel worden aangetast. Als u legitieme zorgen heeft, is het raadzaam deze direct en constructief aan te pakken door middel van dialoog en open communicatie.

Aan de andere kant raad ik als beveiligingsspecialist altijd aan alert te zijn op mogelijke signalen van wantrouwen of verdachte activiteiten die erop kunnen wijzen dat uw partner uw privacy of vertrouwen schendt. Hier zijn vier praktische tips om te controleren of u wordt bespioneerd:

1. **Communicatiebeoordeling** : wees alert op veranderingen in het gedrag van uw partner rond zijn elektronische apparaten, zoals overmatig privégebruik van zijn telefoon of computer, het regelmatig verwijderen van zijn browsegeschiedenis of het gebruik van wachtwoorden om zijn informatie te beschermen.
2. **Bewegingsregistratie** : Merk op of uw partner uw bewegingen lijkt te volgen of uw dagelijkse activiteiten overmatig probeert te volgen, herhaaldelijk vraagt waar u bent, uw sms-berichten of oproepen controleert, uw geolocatie of Google Maps-geschiedenis controleert, of op onverwachte plaatsen verschijnt zonder een geldige reden.
3. **Verzamelen van persoonlijke informatie** : Houd rekening met pogingen van uw partner om persoonlijke informatie over u te verzamelen, uw bezittingen te doorzoeken, uw e-mail of berichten te controleren, toegang te krijgen tot uw financiële informatie, al het bovenstaande zonder uw toestemming.
4. **Vermijdend of defensief gedrag** : Schenk aandacht aan de reacties van uw partner wanneer hem of zij over bepaalde zaken wordt gevraagd, vooral als hij of zij het onderwerp vermijdt, defensief wordt of tekenen van nervositeit vertoont wanneer hij of zij wordt ondervraagd.

Het is essentieel om te onthouden dat vertrouwen en open communicatie essentieel zijn in elke relatie. Zonder geldige reden overgaan tot contraspionage kan het vertrouwen en de band van het paar verzwakken, waardoor onnodige spanningen en conflicten ontstaan.

We moeten alert zijn op mogelijke tekenen van wantrouwen of verdacht gedrag bij het koppel, maar zonder inbreuk te maken op hun privacy. Het observeren van gedragsveranderingen, het volgen van bewegingen, het verzamelen van persoonlijke informatie en vermijdingsgedrag kunnen helpen potentiële problemen op te sporen en aan te pakken voordat ze ernstig worden.

Een eerlijke en constructieve gesprekstoon is cruciaal, waarbij altijd wederzijds respect behouden blijft. Uiteindelijk is het handhaven van een evenwicht tussen toezicht en respect voor elkaars privacy essentieel voor het onderhouden van een gezonde en langdurige relatie.

Maar beperk het niet tot uw relatie; contraspionagetechnieken worden in het dagelijks leven op verschillende manieren toegepast om onze privacy en gezinsveiligheid te beschermen en u te helpen alert te zijn op mogelijke bedreigingen en de vertrouwelijkheid van gevoelige informatie te bewaren.

Door te letten op veranderingen in het gedrag van uw dierbaren, zoals overmatig gebruik van elektronische apparaten, ongeoorloofde bewaking van communicatie of het onrechtmatig verzamelen van persoonlijke informatie, kunt u potentiële verdachte activiteiten detecteren die uw veiligheid in gevaar brengen.

Bovendien worden, door thuis een cultuur van open communicatie te bevorderen, relaties opgebouwd op basis van vertrouwen en eerlijkheid, waardoor een aangenamere, veiligere gezinsomgeving ontstaat.

Ik denk dat je nu misschien zou zeggen oké, Carolina... maar...
Waar te beginnen?
Laten we het eenvoudig maken. Ik zal 5 stappen delen om uw veiligheid te verbeteren en privacyschendingen te voorkomen, in uw persoonlijke en cyberomgeving. Met deze 5 aanbevelingen, zowel voor het digitale veld als voor de fysieke omgeving, hebben we al een goede start:

Digitale reikwijdte:
1. Gebruik sterke wachtwoorden en controleer de privacy-instellingen op uw online profielen om uw persoonlijke gegevens online te beschermen.
2. Houd de beveiligingssoftware op uw elektronische apparaten up-to-date om malware en spionage op afstand te voorkomen.
3. Vermijd het online delen van gevoelige gegevens en wees voorzichtig bij de interactie met vreemden op sociale netwerken en online platforms.
4. Gebruik veilige methoden om belangrijke inhoud op te slaan en te verzenden, zoals end-to-end-codering en virtuele particuliere netwerken (VPN).
5. Maak regelmatig back-ups van uw gegevens naar de cloud of externe apparaten om u te beschermen tegen verlies of diefstal.

Fysieke omgeving:
1. Let op mogelijke signalen van toezicht in uw omgeving, zoals verdachte voertuigen of mensen die u herhaaldelijk in de gaten houden.
2. Vernietig gevoelige documenten voordat u ze weggooit en vermijd het delen van gevoelige informatie met vreemden om uw privacy buiten de digitale wereld te beschermen.
3. Voer elektronische inspecties uit in uw huis of kantoor om verborgen afluisterapparatuur te detecteren.

4. Let op ongewone veranderingen in uw omgeving, zoals voorwerpen die niet op hun plaats staan of flikkerende lichten op uw elektronische apparaten, die kunnen duiden op ongeoorloofde inbraak.
5. Implementeer fysieke beveiligingsmaatregelen, zoals hoogwaardige sloten en alarmsystemen, om uw woning of kantoor te beschermen tegen inbraak en diefstal.

Door deze aanbevelingen toe te passen en een waakzame houding aan te nemen in uw dagelijks leven en in uw gezinsomgeving, verbetert u uw veiligheid en verkleint u het risico om slachtoffer te worden van indringers, fraude of privacyschendingen, zowel in uw persoonlijke als digitale omgeving. Als je vragen hebt, laat me dan weten hoe ik je kan ondersteunen, stuur me een bericht, ik ben op de belangrijkste sociale netwerken, zoals @mujersecurity.

Terrorismebestrijding
Een cruciale operatie uitgevoerd door inlichtingendiensten om kritieke infrastructuur te beschermen en een effectieve respons op noodsituaties te garanderen. Het hoofddoel ervan is het voorkomen en neutraliseren van elke poging tot aanval of sabotage. Om dit te bereiken worden verschillende strategieën gebruikt, variërend van infiltratie van extremistische organisaties tot het uitvoerig monitoren van verdachte communicatie.

Over het concept zijn er discussies tussen experts in het veld. Zij stellen dat **terrorismebestrijding** en **antiterrorisme** twee complementaire maar verschillende benaderingen zijn in de strijd tegen terrorisme. Laten we hun verschillen bekijken:

Terrorismebestrijding: richt zich op het voorkomen en afschrikken van potentiële terroristische dreigingen door inlichtingen te verzamelen, terroristische groeperingen te infiltreren en plannen te neutraliseren voordat ze worden uitgevoerd. Probeert toekomstige aanvallen te voorkomen.

Terrorismebestrijding: richt zich op het reageren op en het verzachten van de gevolgen van terroristische daden die al hebben plaatsgevonden. Dit omvat de arrestatie van de verantwoordelijken en de bescherming van de getroffen bevolking. De focus ligt op het beheersen en tegengaan van de gevolgen van reeds uitgevoerde terroristische aanslagen.

Terrorisme heeft in zijn voortdurende evolutie in de loop van de tijd nieuwe manieren gevonden om zich te manifesteren, vooral nu de toegang tot technologie toeneemt. Vanaf zijn historische oorsprong, gekenmerkt door politieke bewegingen en regionale conflicten, tot zijn transformatie in een mondiale dreiging onder invloed van extremistische ideologieën en de opkomst van internationale terroristische groeperingen, heeft terrorisme voortdurend de veiligheid en stabiliteit van samenlevingen over de hele wereld op de proef gesteld.

Met de komst van het digitale tijdperk heeft terrorisme het internet en de sociale netwerken een platform gevonden om aanvallen op een efficiëntere en mondialere manier te rekruteren, te radicaliseren en te coördineren. Deze verandering vormt een aanzienlijke uitdaging voor de inlichtingendiensten, die zich voortdurend moeten aanpassen om deze nieuwe vormen van terroristische dreigingen te monitoren en tegen te gaan. Hun werk wordt nog relevanter in het dagelijks leven van mensen, omdat ze onvermoeibaar werken om hen te beschermen tegen de onzichtbare gevaren die op de loer liggen in cyberspace en de fysieke wereld.

Staatsinlichtingendiensten zijn essentieel bij het opsporen en voorkomen van deze daden, waarbij ze gebruik maken van nauwgezette analyses om potentiële dreigingen te voorzien en te deactiveren. Hun werk, hoewel vaak onzichtbaar, is een voortdurende waarborg voor de veiligheid van mensen, het beschermen van hun rechten en vrijheden en het bewaren van de sociale vrede.

Internationale samenwerking tussen agentschappen weerspiegelt de onderlinge afhankelijkheid die inherent is aan onze mondiale samenleving. Het wordt een parallel met alledaagse interacties tussen individuen uit verschillende culturen en landen, en laat zien hoe samenwerking grenzen overstijgt.

Net zoals mensen samenkomen op sociale netwerken om kennis en ervaringen te delen, of samen te werken aan projecten die geografische en culturele barrières overwinnen, vormen inlichtingendiensten strategische allianties. Deze allianties zijn van cruciaal belang voor het delen van cruciale informatie en middelen, en versterken de collectieve capaciteit om mondiale uitdagingen het hoofd te bieden.

Op professioneel gebied komt internationale samenwerking tot uiting in multinationale projecten en in de synergie tussen bedrijven uit verschillende landen, die proberen te innoveren en universele oplossingen te genereren. Inlichtingendiensten, die samenwerken met internationale entiteiten, hanteren een vergelijkbare aanpak bij het bestrijden van grenzeloze dreigingen zoals terrorisme en cybercriminaliteit.

Op gemeenschapsniveau komt internationale samenwerking duidelijk tot uiting in humanitaire hulp en gezamenlijke inspanningen om mondiale uitdagingen zoals klimaatverandering het hoofd te bieden. Deze instellingen, die zij aan zij werken met internationale partners, benadrukken dat het bundelen van krachten essentieel is voor de mondiale veiligheid en het welzijn.

In een wereld waar terrorisme geen grenzen kent, is de onvermoeibare waakzaamheid van dit personeel belangrijker dan ooit, omdat het een schild vormt tegen de krachten van angst en geweld. Het monitoren van verdachte communicatie is van cruciaal belang.

Deze proactieve aanpak spoort niet alleen potentiële bedreigingen op en voorkomt aanvallen, stelt autoriteiten in staat patronen van verdacht gedrag te identificeren, volgt de activiteiten van extremistische groeperingen, maar schrikt ook potentiële terroristen af omdat ze weten dat ze in de gaten worden gehouden. Dit draagt bij aan het behoud van rust en stabiliteit in de gemeenschappen, naast het besparen van operationele middelen.

Cyberintelligentie

Het is de discipline die zich richt op het verzamelen, analyseren en toepassen van informatie gerelateerd aan dreigingen en kwetsbaarheden in cyberspace.
Het belangrijkste doel is het identificeren, beoordelen en beperken van potentiële risico's en cyberaanvallen, allemaal om digitale activa te beschermen en online veiligheid te garanderen.

Dit cyberinlichtingenproces volgt een schema dat vergelijkbaar is met dat van traditionele inlichtingenoperaties in de fysieke sfeer. Dat omvat vier fasen: informatieverzameling, gegevensanalyse, het genereren van inlichtingen en het toepassen van inlichtingen.

Hieronder licht ik elk van deze fasen kort toe:

1. **Informatie verzamelen :** deze fase omvat een breed scala aan bronnen, van logboeken voor beveiligingsgebeurtenissen tot rapporten over *softwarekwetsbaarheden* en ethische hackactiviteiten. Het verzamelen van gegevens is essentieel om een compleet beeld te krijgen van het cyberlandschap en de potentiële dreigingen.
2. **Gegevensanalyse :** Zodra de gegevens zijn verzameld, worden deze grondig geanalyseerd. Deze analyse omvat het identificeren van patronen, trends en mogelijke cyberdreigingen, evenals de evaluatie van de geloofwaardigheid en relevantie van de informatie. Daarnaast probeert het mogelijke tegenstanders, aanvalsmethoden en doelstellingen te identificeren.
3. **Generatie van inlichtingen :** Op basis van data-analyse wordt cyberintelligentie gecreëerd die bruikbare informatie biedt over bedreigingen en kwetsbaarheden. Deze informatie kan onder meer tot uiting komen in risicorapporten, dreigingsprofielen en indicatoren van compromissen, en helpt bij het sturen van verdedigings- en beschermingsstrategieën.
4. **Intelligentietoepassing :** de gegenereerde cyberintelligentie wordt gebruikt om de besluitvorming op het gebied van cyberbeveiliging te ondersteunen. Dit omvat de ontwikkeling en implementatie van defensiestrategieën, evenals de reactie op cyberincidenten. Bovendien kan inlichtingen worden gedeeld met andere organisaties om de samenwerking en coördinatie in de strijd tegen cyberdreigingen te bevorderen.

Cyberintelligentie, met zijn proactieve aanpak en zijn vermogen om te anticiperen op mogelijke risico's en deze te beperken, wordt gepositioneerd als een essentieel instrument voor cyberbescherming in een steeds meer onderling verbonden en gedigitaliseerde wereld.

Maar het nut ervan beperkt zich niet tot overheidsinstanties en grote bedrijven. Let nu op, want in dit luisterboek deel ik vier praktische cyberintelligentiemaatregelen met je, die een inlichtingendienst je nooit zal vertellen, die je vanaf vandaag kunt toepassen in je dagelijkse leven:

1. **Bescherming van persoonlijke gegevens:** Met behulp van cyberintelligentietechnieken, zoals het scannen van e-mails, is het mogelijk om de authenticiteit van de afzender te verifiëren en de links in verdachte e-mails te analyseren voordat u erop klikt, waardoor u wordt beschermd tegen mogelijke *phishing-* of *malware- aanvallen* . Als u bijvoorbeeld een e-mail ontvangt die verdacht lijkt, besluit u in plaats van onmiddellijk te klikken, de technieken toe te passen die u hebt geleerd, waarmee u een phishing-poging kunt detecteren en vermijden , en zo uw gegevens kunt beschermen tegen mogelijke cyberaanvallen.

    - Cyberintelligentie is nuttig voor het monitoren van de gevoelige informatie die u deelt op sociale netwerken. U kunt waarschuwingen instellen om ongebruikelijke wijzigingen in de privacy-instellingen of activiteit op uw profielen te detecteren. Als u merkt dat iemand op ongeoorloofde wijze toegang heeft tot uw gegevens of zonder uw medeweten wijzigingen in uw privacy-instellingen aanbrengt, kunt u snelle stappen ondernemen om uw privacy en veiligheid online te beschermen.

2. **Preventie van industriële spionage** : In zakelijke of ondernemersomgevingen speelt cyberintelligentie een cruciale rol bij het faciliteren van de vroege detectie van mogelijke informatielekken.

    - Bij het beschermen van ideeën en projecten kunt u anticiperen op ongeautoriseerde toegangspogingen en onmiddellijk actie ondernemen om uw bedrijfsmiddelen te beschermen. Of iemand nu toegang probeert te krijgen tot uw bestanden of uw ideeën wil stelen, u beschikt over de kennis en middelen die nodig zijn om potentiële bedreigingen te neutraliseren en uw innovatie veilig te stellen.

3. **Veiligheid bij online aankopen:** Voordat u een online aankoop doet, kunt u de reputatie van de website onderzoeken met behulp van cyberintelligentietools. Hierdoor kunt u voorkomen dat u op frauduleuze of onveilige sites terechtkomt, waardoor uw persoonlijke en financiële gegevens worden beschermd.

    - Bij het lezen van online meningen en productrecensies kunt u door cyberintelligentietechnieken toe te passen de authenticiteit ervan beoordelen. Dit helpt u weloverwogen beslissingen te nemen en oplichting te voorkomen door potentiële valse of gemanipuleerde beoordelingen van onbetrouwbare verkopers te identificeren.

4. **Digitale identiteitscontrole:** Als u zich zorgen maakt over de bescherming van uw digitale identiteit en online privacy, dient cyberintelligentie als hulpmiddel voor het monitoren van online profielen.

   Begin met het instellen van waarschuwingen over verdachte activiteiten of ongeautoriseerde wijzigingen in uw sociale media-profielen en andere websites, inlogpogingen, ongebruikelijke locaties of onbekende apparaten, nepprofielen en meer.

Deze basistechnieken voor cyberinlichtingen zullen zeer nuttig zijn als u het incident aan de relevante autoriteiten moet melden of indien nodig juridische stappen moet ondernemen, inclusief het volgen van het IP-adres van de indringer en het verzamelen van informatie over zijn onlineactiviteiten.

Boeken | films en series - 60 belangrijkste feiten

[Inlichtingenoperaties en mondiale veiligheid]

BOEKEN:

1. ***"Legacy of Ashes: het verhaal van de CIA"*** - Nalatenschap van As : De Geschiedenis van de CIA | Tim Weiner, 2007

Het boek "Legacy of Ashes: The History of the CIA", geschreven door Tim Weiner, winnaar van de Pulitzerprijs in 2008, biedt een uitgebreide analyse van de ontwikkeling en acties van de Central Intelligence Agency (CIA) sinds de oprichting ervan na de Tweede Wereldoorlog. II tot de gebeurtenissen van 11 september. Op basis van meer dan 50.000 vrijgegeven documenten en interviews met talloze CIA-veteranen geeft Weiner een gedetailleerd en kritisch beeld van het bureau.

Het boek wordt beschouwd als een fundamenteel werk voor het begrijpen van de tweede helft van de 20e eeuw en onderzoekt niet alleen de operaties, successen en mislukkingen van de CIA, maar ook de impact ervan op de wereldpolitiek. Het stelt dat, ondanks de positieve reputatie die de CIA heeft behouden, deze wordt gekenmerkt door een reeks ernstige fouten die verborgen zijn in uiterst geheime bestanden.

De auteur beweert dat de oorspronkelijke missie van de CIA was om de wereld te begrijpen en, als deze niet werd bereikt, te proberen deze te beïnvloeden. Hij merkt echter op dat deze pogingen tot verandering vaak tot aanzienlijke mislukkingen leiden. Het boek biedt een inzichtelijke en onthullende blik op 's werelds machtigste inlichtingendienst en de impact ervan op de recente geschiedenis. Je kunt het boek op Amazon kopen via deze link: https://amzn.to/3VKSm09

2. ***"De mannen van de mist"*** - Pablo Zarrabeitia, 2022

De roman "The Men of the Fog", geschreven door een actieve agent van het Nationale Inlichtingencentrum (CNI) van Spanje onder een pseudoniem, vertelt het intrigerende verhaal van een Spaanse journalist die in Zuid-Amerika verdwijnt terwijl hij onderzoek doet naar de sporen van de voormalige nazi. verbannen. Deze gebeurtenis leidt tot de wereldwijde operatie Walachije door de Spaanse CNI in een poging haar te vinden.

Het boek biedt een authentiek en realistisch beeld van het werk van spionnen, waarbij de opofferingen, beperkingen en constante spanning waarmee zij in hun leven worden geconfronteerd, worden belicht. Via personages als Marcos Madero wordt de innerlijke werking van de CNI ontrafeld, waarbij de procedures, activiteiten en het dagelijkse leven van haar agenten worden onderzocht.

Met een meeslepend plot en meeslepende karakters dompelt de roman de lezer onder in een wereld vol intriges en gevaar, waarbij de ins en outs van moderne spionage worden onthuld en de uitdagingen waarmee degenen die deze praktijk beoefenen, worden geconfronteerd. "The Men of the Fog" is een boeiende lectuur die een fascinerende kijk biedt in de wereld van intelligentie en geheime actie. Het is beschikbaar op Amazon via de link: https://amzn.to/3J1Danw

3. ***"The Dark Agent: memoires van een spion geïnfiltreerd door de CNI"*** - Anoniem Anoniem et al., 2019

Het boek 'The Dark Agent: Memories of a Spy Infiltrated by the CNI' bevat een fascinerend verhaal van een anonieme auteur die zijn ervaringen openbaart als Spaanse spion die door het National Intelligence Center (CNI) in de jihadistische wereld is geïnfiltreerd. Via een verhaal uit de eerste persoon dompelt de tekst de lezer onder in het leven van een ogenschijnlijk kleine zakenman die in werkelijkheid de wereld van islamitische radicalen betreedt, met moslimpredikers reist en contacten legt met Marokkaanse inlichtingenagenten in Spanje.

Dit werk biedt een meeslepend en realistisch beeld van het veldwerk van inlichtingendiensten en onthult de gevaren, complexiteiten en ethische dilemma's waarmee undercoveragenten worden geconfronteerd. Bovendien werpt het licht op het cruciale werk van de Spaanse contraspionage en onthult het de plekken van islamitische radicalisering die een bedreiging vormen voor de nationale veiligheid.

'The Dark Agent' biedt een onthullende blik op de wereld van spionage en terrorismebestrijding en toont de moed en toewijding die nodig zijn om in de donkerste uithoeken van mondiale conflicten te opereren. Het is beschikbaar op Amazon via deze link: https://amzn.to/3PL7Zkl

4. ***"Inés en Joy"*** - Almudena Grandes, 2010

Het toneelstuk "Inés y la Alegría" presenteert een interessant plot dat draait om de karakters van Inés en Jesús Monzón, wier levens met elkaar verweven zijn tegen een achtergrond van geheimhouding en spionage tijdens de zomer van 1939 in Toulouse, Frankrijk. Inés, een aanhanger van de republikeinse zaak tijdens de Spaanse burgeroorlog, leeft ondergedoken onder toezicht van haar broer, een provinciale afgevaardigde van de Falange in Lérida.

Hoewel Inés zichzelf niet identificeert als een spion in de conventionele zin, wordt haar deelname aan clandestiene activiteiten gesuggereerd door haar geheime vreugde bij het clandestien luisteren naar de aankondiging van de "Reconquista de España" -operatie op Radio Pirenaica. Dit detail onthult zijn kennis en mogelijke betrokkenheid bij geheime gebeurtenissen, waardoor een laagje intriges en spanning aan de plot wordt toegevoegd.

De roman biedt een inzichtelijke kijk op historische gebeurtenissen en het complexe web van persoonlijke relaties in een context van politieke en sociale conflicten. Aan de hand van de personages Inés en Jesús weeft Almudena Grandes een boeiend verhaal waarin thema's als loyaliteit, identiteit en opoffering in tijden van turbulentie worden onderzocht. Het kan op Amazon worden gekocht via deze link: https://amzn.to/43WiA1P

5. ***"Handleiding voor spionnen: de definitieve handleiding om een echte spion te worden"*** - Hoe een spion zijn | Daniël Nesquens , 2022

Deze nieuwe 'Handleiding voor Spionnen' ontkracht stereotypen over de spionagewereld door te stellen dat het niet nodig is om Russisch te zijn, een trenchcoat te dragen of een Engelse snor te hebben om een echte spion te worden. Deze handleiding is gericht op gewone mensen, maar met een vleugje instinct, en biedt een complete gids die alles omvat, van wat het is om een spion te zijn, tot welke essentiële technieken en gadgets je moet gebruiken, en zelfs wat je in je spionagekoffer moet meenemen.

Door het hele boek heen zullen jongere lezers verschillende soorten spionnen ontdekken, spionagetechnieken die in het echte leven worden gebruikt, evenals historische curiosa en een compilatie van de beste fictieve spionnen. Het werk biedt gedetailleerd advies, gedetailleerde beschrijvingen en interactieve activiteiten, allemaal gepresenteerd met een perfecte balans tussen humor, leren en speelse illustraties.

Daniel Nesquens , een internationaal geprezen auteur met meer dan 40 geschreven boeken, biedt een uniek en vermakelijk perspectief op de fascinerende wereld van spionage en nodigt lezers uit om zich onder te dompelen in een reis vol intriges en ontdekkingen. Deze handleiding is ideaal om alleen of in gezelschap van te genieten en u hoeft hem na het lezen niet te vernietigen, tenzij u uw eigen spionagegeheimen wilt bewaren! Je kunt het op Amazon krijgen via deze geheime link: https://amzn.to/3xvaf97

FILMS:

1. **" De 355 "** - Agenten 355 | VS, 2022

[Internationale samenwerking]

"Agents 355" brengt vijf rivaliserende vrouwelijke spionnen samen die afkomstig zijn van verschillende inlichtingendiensten. Ondanks hun verschillen werken ze samen om het hoofd te bieden aan de dreiging van een wereldwijde cyberaanval. Jessica Chastain , Diane Kruger, Lupita Nyong'o , Penélope Cruz en Fan Bingbing vormen een groep genaamd 355, ter ere van de eerste vrouwelijke spion in de Amerikaanse Revolutie. Met een boeiende cast biedt 'Agents 355' belangrijke lessen in mondiale veiligheids- en inlichtingenoperaties, waarbij de noodzaak van internationale samenwerking wordt benadrukt om digitale dreigingen het hoofd te bieden en de mondiale stabiliteit te beschermen. Je kunt ervan genieten op Amazon Prime Video en, afhankelijk van je regio, ook op YouTube.

2. **" Topaas "** | VS, 1969

[Infiltratie van spionagenetwerken]

" Topaz " is een spionagethriller geregisseerd door Alfred Hitchcock, met de nadruk op de Cubaanse rakettencrisis van 1962. Met Frederick Stafford, Dany Robin, John Vernon en anderen in de hoofdrollen, gaat de film over de infiltratie van een Sovjet-spionagenetwerk in de Verenigde Staten tijdens de Koude Oorlog. Oorlog, gebaseerd op Leons gelijknamige roman Uris . Het plot speelt zich af in verschillende omgevingen over de hele wereld, waaronder de Verenigde Staten, Frankrijk en Cuba, en zit vol onverwachte wendingen, verraad en intense spanning. De film speelt zich af op een historisch moment van grote politieke en diplomatieke instabiliteit en weerspiegelt de paranoia en het wantrouwen die kenmerkend zijn voor de Koude Oorlog, biedt een authentieke visie op de wereld van spionage en onderzoekt de complexe ethische dilemma's waarmee agenten worden geconfronteerd. Amazon Prime Video, Apple TV en andere platforms hebben het in hun catalogus, maar het is mogelijk dat het beschikbaar is op YouTube.

3. **"Nul donker Dertig "** - Donkerste Nacht: jacht op Osama Bin Laden | VS, 2012

[Onderzoek en inlichtingen]

'Darkest Night' wordt algemeen beschouwd als de meest accurate en verhelderende film in zijn weergave van de gebeurtenissen voorafgaand aan de gevangenneming van Osama Bin Laden. In tegenstelling tot "Code Geronimo", die zich richt op de arrestatieoperatie, concentreert deze zich op het karakter van Maya, gespeeld door Jessica Chastain , een CIA-agent, en haar onvermoeibare toewijding om Bin Laden te lokaliseren. Na jaren van moeizaam onderzoek, inclusief ondervragingen en martelingen in Afghanistan, boekt Maya eindelijk succes met de militaire operatie die op 2 mei 2011 een einde maakte aan het leven van Al-Qaeda-leider Osama Bin Laden in Abbottabad , Pakistan, een moment dat bekend staat als 'Zero Dark' . Dertig ." De film benadrukt het belang van individueel werk en het vermogen van één persoon om een verschil te maken in de complexe wereld van intelligentie, en benadrukt hoe Maya's vastberadenheid en unieke visie cruciaal waren voor het succes van de missie, zelfs na bijna tien jaar sinds de Na de aanslagen op 11 september was het beschikbaar op bijna alle platforms, waaronder Netflix, Amazon Prime Video, Hulu, Google Play Movies, Google TV, Microsoft Movies & TV, Vudu , Rakuten en zelfs YouTube.

4. **"Het zwarte boek"** - Zwartboek | HOL, 2006

[Infiltreeragent]

"The Black Book", oorspronkelijk " Zwartboek ", is een drama dat zich afspeelt tijdens de Tweede Wereldoorlog in het door Duitse troepen bezette Nederland. Het verhaal volgt Rachel Stein, een jonge joodse vrouw gespeeld door Carice van Houten , die, nadat ze haar familie aan de nazi's heeft verloren, zich bij het verzet aansluit. Hun gevaarlijke missie is om het nazi-hoofdkwartier te infiltreren en een hoge Duitse officier te verleiden om essentiële informatie te verkrijgen die hun gevangengenomen kameraden zou kunnen redden. De film presenteert een mix van drama, intriges en actie tegen een gespannen historische achtergrond, waarin Rachel wordt geconfronteerd met morele dilemma's en uitdagingen terwijl ze vecht voor vrijheid en gerechtigheid midden in oorlog. Geniet ervan op Rakuten TV, Google TV of Amazon Prime-video

5. **"Geketend"** - Berucht | VS, 1946

[Romantiek in spionageoperaties]

"Notorious" , geregisseerd door Alfred Hitchcock en met Ingrid Bergman en Cary Grant in de hoofdrollen, vertelt het verhaal van Alicia, dochter van een nazi-spion, die een relatie krijgt met een Amerikaanse overheidsagent om een groep nazi-vluchtelingen in Brazilië te infiltreren. Terwijl Alicia en Devlin hun relatie verdiepen, worden ze geconfronteerd met emotionele uitdagingen en fysieke gevaren terwijl ze nazi-samenzweringen proberen te ontrafelen. Het complot wordt ingewikkelder wanneer Alicia wordt gedwongen te trouwen met een van de samenzweerders om informatie voor de regering te verzamelen. "Bounded" is een klassieker uit de Amerikaanse film noir, erkend om zijn uitstekende vertolkingen, meesterlijke regie van Hitchcock en een spannend, meeslepend verhaal. Afhankelijk van je locatie kun je het vinden op Amazon Prime Video, Netflix, Hulu, Google TV, Apple TV of YouTube, maar je kunt ook platforms als FilmAffinity , JustWatch en FullTV bekijken om te zien waar het in jouw land beschikbaar is.

SERIE:

1. **" De Raketten van Oktober "** - Oktoberraketten (VS, 1974)
[2 afleveringen | 1 seizoen]

De serie "The Missiles of October" is een docudrama in miniserieformaat dat in 1974 werd uitgezonden. Het is een historische en dramatische verkenning van een van de gevaarlijkste episodes uit de moderne geschiedenis. Het is gebaseerd op de Cubaanse rakettencrisis tijdens de Koude Oorlog. De titel verwijst naar het boek van Barbara Tuchman , "The Guns of August", waarin de fouten van grote machten en de mislukte kansen worden onderzocht om een tegenstander een sierlijke uitweg te geven, wat uiteindelijk tot de Eerste Wereldoorlog leidt.

De productie is oogverblindend en won verschillende prijzen. Het script is gebaseerd op het boek van Robert Kennedy, "Thirteen Days: Memoirs of the Cuban Missile Crisis", postuum gepubliceerd in 1969. Met de nadruk op de 13 dagen waarin de wereld op de rand stond van een nucleaire oorlog tussen de Verenigde Staten en de Sovjet-Unie. Union toont de serie de politieke en militaire spanning rond de crisis, evenals de beslissingen die de Amerikaanse president John F. Kennedy en zijn regering hebben genomen om een catastrofaal conflict in 1962 te voorkomen. Afhankelijk van uw locatie is het mogelijk om het op sommige streamingplatforms, seriebibliotheken van sommige kabeltelevisiekanalen. Op de website Archive.org kun je gratis een Engelse versie, ondertiteld, afspelen en downloaden.

2. **" Spion Oorlogen "** - Oorlogsspionnen | Oorlogsspionnen (VK, 2019)
[8 afleveringen | 1 seizoen]

" Spion Wars ' is een Britse serie gepresenteerd door Damian Lewis, bekend van zijn rollen in ' Billions ' en ' Homeland '. In elk hoofdstuk wordt het waargebeurde verhaal achter de meest schokkende geheime missies uit de geschiedenis onthuld. Door middel van innovatieve reconstructies en getuigenissen van deskundigen worden intrigerende gevallen van internationale spionage vanaf de Koude Oorlog tot nu onderzocht.
De productie, opgenomen in Londen, Moskou en Israël, onthult beruchte details van emblematische gebeurtenissen, waaronder de ontsnapping van Amerikaanse diplomaten uit Teheran, wat ook tot uiting kwam in de film ' Argo ', de zaak van de voormalige Russische militaire inlichtingenofficier die een oorlog overleefde. poging tot moord met zenuwgas in 2018 of de grootste surveillanceoperatie in de Britse geschiedenis. Als u geïnteresseerd bent in de wereld van spionage en internationale complotten, zal dit voorstel u boeien. Afhankelijk van je regio kun je het krijgen op RTVE, Amazon Prime Video, Apple TV, Netflix, HBO Max, documentairewebsites of YouTube, maar op Documaniatv.com is het gratis en in het Spaans beschikbaar.

3. **"De Nachtmanager"** - De Infiltrant | (VK/VS, 2016)

[6 afleveringen | 1 seizoen]

" De Night Manager" is een Brits-Amerikaanse miniserie gebaseerd op de internationaal geprezen roman van meesterschrijver John le Carré. Het plot volgt Jonathan Pine, een voormalige soldaat die nachtmanager wordt in een luxe hotel. Hij raakt al snel verwikkeld in een wereld van spionage. en corruptie wanneer hij wordt gevraagd om als informant voor de Britse regering op te treden om de binnenste cirkel van een gevaarlijke wapenhandelaar en drugsdealer te infiltreren. De serie zit vol intriges, spanning en onverwachte wendingen terwijl Pine door een wereld van bedrog en gevaar navigeert. .

"The Infiltrator" ontving 36 nominaties en meerdere prijzen, en werd door critici en het publiek zeer geprezen vanwege zijn script, uitvoeringen en hoogwaardige productie. Sinds eind 2016 heeft Amazon Prime Video de streamingrechten voor deze serie voor 180 landen verworven, dus de kans is groot dat deze op jouw locatie beschikbaar zal zijn.

4. **" Mevrouw Wilson "** (VK, 2018)

[3 afleveringen | 1 seizoen]

"Mevrouw. Wilson" is een Britse miniserie gebaseerd op waargebeurde gebeurtenissen die het verhaal van Alison Wilson volgt. Na de dood van haar man, Alec Wilson, ontdekt Alison dat hij meerdere vrouwen en geheime families had. De serie onderzoekt de geheimen en leugens van Alec , een MI6-agent, en hoe dit Alison en haar kinderen beïnvloedt terwijl ze de waarheid over zijn leven en huwelijk proberen te ontdekken. Het is geïnspireerd op het bijzondere verhaal van de grootouders van actrice Ruth Wilson.

Je kunt genieten van 'Mrs. Wilson" op verschillende streamingplatforms, afhankelijk van uw locatie. Sommige opties kunnen Amazon Prime Video, Apple TV, Netflix, BBC iPlayer of video-on-demand-services zijn die BBC-inhoud aanbieden.

5. **" Carmen Sandiego "** (VS, 2016)

[33 afleveringen | 4 seizoenen]

"Carmen Sandiego" is een geanimeerde Netflix-serie die actie, avontuur en educatieve elementen combineert, waarbij thema's als rechtvaardigheid, moraliteit en verlossing aan de orde komen. Het plot volgt Carmen, een sluwe dief die burgerwacht is geworden, die de wereld rondreist om misdaden en overvallen te ontrafelen als een soort moderne Robin Hood. Hun doel is om de plannen van de kwaadaardige organisatie VILE te dwarsbomen en artefacten van grote historische en culturele waarde te beschermen tegen gebruik voor snode doeleinden. Ondanks haar nobele zaak wordt Carmen Sandiego door de meeste wetshandhavingsinstanties gezien als een crimineel, waaronder INTERPOL en een mysterieuze organisatie genaamd ACME.

Deze moderne versie van "Carmen Sandiego" kun je zien op het Netflix-streamingplatform. Je kunt ook de productie uit 1994 vinden, ' Where op Aarde Is Carmen Sandiego", bekend als "Op zoek naar Carmen Sandiego" of "Waar ter wereld is Carmen Sandiego?", met 40 afleveringen, geïnspireerd op de beroemde educatieve videogame uit de jaren 80 ontwikkeld door Brøderbund Software.

In ons onderzoek hebben we het onzichtbare werk blootgelegd van inlichtingendiensten die de mondiale veiligheid in stand houden. Deze entiteiten zijn essentieel om te anticiperen op en te neutraliseren van bedreigingen, van terroristische aanslagen tot door de mens veroorzaakte natuurrampen, en zo onze levens en sociale stabiliteit te beschermen.

Dankzij hun inspanningen kunnen we met een gerust hart leven, met vertrouwen reizen en genieten van een stabiel economisch klimaat. Door middel van strategische contraspionage, terrorismebestrijding en cyberinlichtingenoperaties garanderen deze agentschappen onze veiligheid op alle niveaus.

In het huidige digitale tijdperk, waarin informatie gemakkelijk grenzen overschrijdt, zijn contraspionage, terrorismebestrijding en cyberintelligentie relevante termen geworden, niet alleen voor overheidsinstanties, maar ook in ons dagelijks leven. Net zoals landen hun geheimen beschermen, moeten ook wij voorzichtig zijn bij het beschermen van onze persoonlijke gegevens tegen ongeoorloofde toegang, wat het belang van gegevensbeveiliging in ons dagelijks leven onderstreept.

Door de aanbevelingen in dit hoofdstuk op te volgen en een waakzame houding aan te nemen, zowel in het dagelijks leven als in uw gezinsomgeving, kunt u uw veiligheid versterken en het risico minimaliseren dat u het slachtoffer wordt van inbraak, fraude of privacyschendingen.

Om inlichtingenoperaties en mondiale veiligheid beter te begrijpen, raad ik u aan een film of serie uit de lijst met aanbevelingen over dit onderwerp te bekijken. Deel vervolgens uw gedachten en opmerkingen met mij op www.mujersecurity.com. Uw perspectief is van onschatbare waarde en zal bijdragen aan de dialoog over de veiligheid en het welzijn van onze mensen.

HOOFDSTUK 4: UITDAGINGEN, CONTROVERSIES EN ETHISCHE DILEMMA'S

Geconfronteerd met een voortdurend evoluerend landschap, brengt het moderne tijdperk ethische, juridische en operationele uitdagingen met zich mee voor entiteiten die belast zijn met de nationale veiligheid. Deze instanties moeten zorgvuldig navigeren tussen de bescherming van staatsbelangen en het respect voor de rechten en privacy van individuen. Juridisch gezien zijn ze gedwongen zich aan te passen aan technologische innovaties en opkomende bedreigingen, wat een voortdurende herevaluatie van wetten en het formuleren van nieuw beleid met zich meebrengt.

Vanuit operationeel oogpunt is technologische innovatie essentieel om cyberdreigingen en terrorisme tegen te gaan, maar dit moet gebeuren zonder het vertrouwen van het publiek of de legitimiteit van de ondernomen acties te ondermijnen. Het tijdperk van *big data* en kunstmatige intelligentie versnelt de technologische ontwikkeling en overstijgt vaak de capaciteit van institutionele reacties. Bovendien kunnen verschillen in wetgeving en ethische normen tussen landen de internationale samenwerking bemoeilijken, wat essentieel is voor het aanpakken van bedreigingen die geen grenzen respecteren.

Dit hoofdstuk onderzoekt de ethische dilemma's en juridische controverses die voortkomen uit massasurveillance, evenals de dwingende noodzaak om een evenwicht te vinden tussen transparantie, verantwoording en vertrouwelijkheid. Dit trio is essentieel voor het behoud van zowel de operationele effectiviteit als het vertrouwen van het publiek in een periode die wordt gekenmerkt door snelle en aanzienlijke veranderingen.

Innovatieve methoden in inlichtingenbeheer

In het dynamische scenario van nationale en mondiale veiligheid worden inlichtingendiensten geconfronteerd met steeds complexere en geavanceerdere uitdagingen. Om deze veranderende realiteit het hoofd te bieden, hebben regeringen een nieuw tijdperk van innovatieve methoden en geavanceerde technologie ingeluid.

big data- analyse en gezichtsherkenning, deze drie revolutionaire hulpmiddelen hebben niet alleen de manier veranderd waarop informatie wordt verzameld en geanalyseerd, maar hebben ook de grenzen van wat mogelijk is op het gebied van intelligentie opnieuw gedefinieerd. In dit audioboek zal ik u onthullen hoe hun innovaties het vermogen van inlichtingendiensten vergroten om deze nieuwe uitdagingen het hoofd te bieden en de veiligheid en het welzijn van landen en hun burgers te beschermen.
Laten we beginnen met de...
Kunstmatige intelligentie (AI) : De impact van kunstmatige intelligentie (AI) op de activiteiten van inlichtingendiensten valt niet te ontkennen. Zoals Yuval opmerkt Atsmon , senior partner bij het McKinsey Centre for Strategic Innovation in Londen, transformeert AI niet alleen de huidige strategieën, maar ook wat gaat komen. En

voor de activiteiten van inlichtingendiensten is het een fundamentele pijler geworden, waardoor grote hoeveelheden gegevens snel en efficiënt kunnen worden verwerkt, waardoor patronen en trends worden geïdentificeerd die voor menselijke analisten misschien onopgemerkt blijven.

Laten we eens kijken naar vier manieren waarop AI profiteert en het werk van inlichtingenpersoneel eenvoudiger maakt:

1. **Gegevensanalyse op schaal:** AI maakt het mogelijk om grote hoeveelheden gegevens te analyseren, waaronder onderschepte communicatie, financiële gegevens, satellietbeelden en berichten op sociale media. Dankzij deze aanpak kunnen relevante informatie en potentiële bedreigingen nauwkeurig en tijdig worden geïdentificeerd.
2. **Patroonherkenning** : Met machine learning-algoritmen identificeert AI patronen en onregelmatig gedrag in gegevens. Dit is van cruciaal belang om terroristische aanslagen te voorkomen, smokkelnetwerken bloot te leggen en criminele organisaties te ontmantelen.
3. **Automatisering van repetitieve taken:** Routinematige en eentonige taken, zoals documentclassificatie en taalvertaling. Deze automatisering maakt tijd en talent vrij voor analisten, waardoor ze zich kunnen concentreren op complexere en strategische taken.
4. **Voorspelling en anticipatie:** AI maakt het mogelijk te anticiperen op toekomstige gebeurtenissen, zoals politieke crises of uitbraken van geweld, door patronen en correlaties in gegevens te identificeren. Deze capaciteit maakt het mogelijk preventieve maatregelen te nemen met als doel de impact ervan te verzachten.

Kunstmatige intelligentie is een krachtig instrument geworden om de efficiëntie, operationele capaciteiten en veiligheid van inlichtingendiensten in een steeds complexer en dynamischer omgeving, op mondiale schaal, te verbeteren.

Gezichtsherkenning : een innovatieve methode die een revolutie teweegbrengt in de veiligheid en efficiëntie van de activiteiten van inlichtingendiensten door nauwkeurige identificatie van personen in afbeeldingen of video's mogelijk te maken. Deze technologie is gebaseerd op machine learning-algoritmen die onderscheidende gelaatstrekken onderzoeken en deze vergelijken met databases van eerder geregistreerde gezichten.

Inlichtingendiensten gebruiken gezichtsherkenning op een breed scala aan gebieden, hieronder noem ik er als voorbeeld slechts vijf:

1. **Identificatie van mensen:** Met gezichtsherkenning kunnen mensen in realtime of aan de hand van eerder vastgelegde afbeeldingen en video's worden geïdentificeerd. Dit is handig voor het identificeren van verdachten op onder meer openbare plaatsen, luchthavens en treinstations.
2. **Toezicht en monitoring:** Inlichtingendiensten kunnen gezichtsherkenningssystemen gebruiken om interessegebieden in de gaten

te houden en de aanwezigheid van gezochte personen of personen met een nationaal veiligheidsbelang te detecteren.
3. **onderzoek**: Bij strafrechtelijk onderzoek kan gezichtsherkenning helpen individuen in verband te brengen met criminele activiteiten, medeplichtigen te identificeren of de aanwezigheid van sleutelfiguren op bepaalde locaties op specifieke tijdstippen vast te stellen.
4. **Grensbeveiliging:** Op punten van binnenkomst en uitgang van het land, zoals luchthavens en landgrenzen, wordt gezichtsherkenning gebruikt om de identiteit van reizigers te verifiëren en mogelijke bedreigingen of mensen op controlelijsten te detecteren.
5. **Intelligentieanalyse:** Gezichtsherkenning wordt ook gebruikt bij inlichtingenanalyse om verbindingen tussen individuen te identificeren, bewegingen en activiteiten te volgen en informatie te verzamelen over criminele of terroristische netwerken. Deze technologie is zonder twijfel een veelzijdig instrument dat zeer nuttig is op zowel inlichtingen- als commercieel gebied, en zelfs op het gebied van mobiele telefonie.

Van de toepassing ervan om vermiste personen op te sporen, verdachten te identificeren of de toegang op openbare plaatsen te controleren, tot het gebruik ervan om klantervaringen te personaliseren, producten aan te bevelen op basis van gezichtsprofielen of de service in winkels en diensten te verbeteren: deze technologie is innovatief op het gebied van klanttevredenheid.

Bovendien is gezichtsherkenning in de context van mobiele telefonie geïntegreerd in de biometrische authenticatie van apparaten, waardoor de veiligheid en gebruikerservaring bij de toegang tot gevoelige gegevens en mobiele applicaties worden verbeterd. Met de toenemende ontwikkeling en acceptatie belooft gezichtsherkenning verschillende aspecten van ons leven te blijven transformeren, van veiligheid tot consumentenervaring, in een steeds meer onderling verbonden en gedigitaliseerde toekomst.

Big data-analyse : Met de exponentiële groei van digitaal gegenereerde gegevens worden inlichtingendiensten geconfronteerd met de uitdaging om waardevolle en relevante informatie uit deze overweldigende hoeveelheid informatie te halen. *Big data-* analyse wordt een andere innovatieve methode die van groot belang is voor inlichtingenoperaties.

Door het toepassen van geavanceerde algoritmen en dataminingtechnieken worden patronen, trends en relaties geïdentificeerd die onopgemerkt zouden kunnen blijven door menselijke analisten. Deze aanpak biedt hen een volledige en diepgaander beeld van potentiële dreigingen, crimineel gedrag en de bewegingen van verdachte actoren, waardoor ze beter geïnformeerde en proactieve beslissingen kunnen nemen met betrekking tot de nationale en mondiale veiligheid.

Hier deel ik vier belangrijke aspecten van hoe *big data* in deze context worden gebruikt:

1. **Big data-analyse** : Sociale media genereren elke dag enorme hoeveelheden gegevens in de vorm van berichten, opmerkingen, berichten en gebruikersprofielen. Big *data* (volgens de RAE) stelt inlichtingendiensten in staat deze gegevens op grote schaal te verzamelen, op te slaan en te analyseren om significante patronen, trends en gedragingen te identificeren.
2. **Real-time verwerking** : *Big data* maakt een snelle verwerking van grote hoeveelheden gegevens in realtime mogelijk. Dit is van cruciaal belang voor het voortdurend monitoren van sociale media op verdachte activiteiten of opkomende trends die mogelijk een onmiddellijke reactie van de autoriteiten vereisen.
3. **Identificatie van verbindingen en netwerken** : Door gegevens op sociale netwerken te analyseren met behulp van Big Data-technieken kunnen inlichtingendiensten verbindingen tussen individuen, groepen en organisaties identificeren. Hierdoor kunnen ze invloedsnetwerken in kaart brengen, leiders en volgers identificeren en de structuur en dynamiek van extremistische groeperingen of andere verdachte entiteiten begrijpen.
4. **Detectie van afwijkingen en ongewoon gedrag** : Dankzij Big Data kunnen inlichtingendiensten geavanceerde algoritmen gebruiken om afwijkingen en ongewoon gedrag in sociale-mediagegevens op te sporen. Hierbij kan het bijvoorbeeld gaan om plotselinge veranderingen in activiteitenpatronen, de verspreiding van valse informatie of de schijn van haatzaaiende uitlatingen, die allemaal kunnen duiden op verdachte activiteiten.

Dit vergroot het vermogen om informatie efficiënter te verzamelen in een voortdurend evoluerende dreigingsomgeving en om complexe nationale en mondiale veiligheidsuitdagingen aan te pakken. De implementatie ervan brengt echter ook belangrijke ethische en privacykwesties met zich mee, zoals de toegang tot inhoud, die met voorzichtigheid en verantwoordelijkheid moeten worden aangepakt.

Big *data* en data-analyse

In een wereld die steeds meer verbonden is, is de hoeveelheid dagelijks gegenereerde data enorm, net als een voortdurend groeiende oceaan. Wie heeft de taak om door deze enorme wateren van informatie te navigeren? Dit is waar inlichtingendiensten in het spel komen.

Stel je voor dat je je volgende reis aan het plannen bent. U opent uw browser en zoekt naar bestemmingen, vluchten, hotels en activiteiten. Elke klik, elke zoekopdracht laat een digitale voetafdruk achter. Deze ogenschijnlijk eenvoudige handelingen maken deel uit van *big data* , die enorme oceaan van informatie die bestaat uit gestructureerde en ongestructureerde data die voortdurend door het netwerk stroomt.

Hoe verhoudt dit zich tot inlichtingendiensten en hun dagelijkse werk? Nou... laten we zeggen dat u analist bent bij een bureau dat verantwoordelijk is voor de nationale veiligheid. Jouw missie is om mogelijke bedreigingen te detecteren en aanvallen te voorkomen. Hoe doe je het? Uiteraard met behulp van data-analyse. Je observeert gedragspatronen op sociale media, analyseert elektronische communicatie en monitort verdachte financiële transacties. Dit alles maakt deel uit van het enorme veld van open source intelligence, waar *big data* je krachtigste bondgenoot wordt.

Maar hier is de sleutel: alleen al *big data* is slechts de eerste slok koffie; Data-analyse is het proces dat van dat slokje een vol kopje maakt, rijk aan informatie en begrip. Dankzij data-analyse, meestal in open bronnen zoals sociale netwerken, kunnen inlichtingendiensten trends detecteren, opkomende bedreigingen identificeren en in realtime weloverwogen beslissingen nemen.

Metadata en *big data* : overeenkomsten en verschillen

In een steeds meer verbonden wereld zijn de concepten van metadata en *big data* essentieel om door de enorme oceaan van digitale informatie die ons omringt te navigeren. Beide spelen een cruciale rol bij het begrijpen en benutten van deze overvloed aan gegevens, en hun relevantie strekt zich uit tot zelfs onze eenvoudigste dagelijkse activiteiten. In deze tekst zullen we de overeenkomsten en verschillen tussen deze twee concepten onderzoeken, en hoe inlichtingendiensten deze informatie gebruiken om de samenleving te beschermen en te dienen.

Metadata zijn als 'gegevens over gegevens'. Ze bieden context en organisatie aan digitale informatie, waardoor deze gemakkelijk kan worden teruggevonden en begrepen. Wanneer we bijvoorbeeld een e-mail sturen, kunnen de bijgevoegde metagegevens details bevatten zoals de datum, tijd, afzender en ontvanger van het bericht. Op dezelfde manier kan een digitale foto vergezeld gaan van metagegevens die de locatie en het tijdstip waarop de foto is gemaakt beschrijven, evenals de gebruikte camera. Deze metadata zijn essentieel om de context van de gegevens te begrijpen en het efficiënte beheer ervan te vergemakkelijken.

Aan de andere kant verwijst *big data* naar extreem grote en complexe datasets die de mogelijkheden van traditionele databasetools op de proef stellen. Deze gegevens kunnen gestructureerd zijn, zoals bedrijfsdatabases, of ongestructureerd, zoals berichten op sociale media, e-mails of video's. Big *data* wordt gekenmerkt door zijn volume, snelheid en verscheidenheid, waardoor het een onschatbare bron van informatie en kennis is.

Zowel metadata als big data Het zijn essentiële hulpmiddelen voor inlichtingendiensten bij het verzamelen en analyseren van informatie. Metadata stellen hen in staat digitale communicatie te volgen en te contextualiseren, terwijl *big data* een breder beeld geven van de patronen en trends binnen deze data. Deze informatie is essentieel voor het detecteren van dreigingen en het nemen van weloverwogen beslissingen met betrekking tot de nationale veiligheid.

Kortom, metadata en big data Het zijn twee kanten van dezelfde medaille in de digitale wereld. Beide zijn essentieel voor het begrijpen en benutten van digitale informatie, en inlichtingendiensten spelen een cruciale rol bij het beheren en analyseren ervan om de samenleving als geheel te beschermen en te dienen.

Houd er dus rekening mee dat elke klik de volgende keer dat u op internet surft gevolgen kan hebben voor de veiligheid van ons allemaal. Big *data* zijn een krachtig hulpmiddel en dankzij data-analyse werken onze inlichtingendiensten eraan om ons te beschermen, zelfs in de digitale wereld. En terwijl u toch bezig bent, waarom niet genieten van een kopje koffie of uw favoriete drankje en nadenken over de kracht van informatie in ons leven?

Boeken | films en series - 60 belangrijkste feiten

[Uitdagingen en controverses]

BOEKEN:

1. **"De torenhoge toren: Al-Qaeda en de oorsprong van 11 september "** - The Opdoemende Toren: Al-Qaeda en de weg naar 11 september | Lawrence Wright, 2006

In 'The Towering Tower: Al-Qaeda and the Origins of 9/11' duikt Pulitzerprijswinnaar Lawrence Wright in het interne conflict tussen Amerikaanse inlichtingendiensten, vooral de FBI en de CIA. Door middel van uitgebreid onderzoek onderzoekt de auteur hoe rivaliteit en gebrek aan samenwerking tussen deze instanties hun vermogen om de aanslagen van 11 september 2001 te voorkomen beïnvloedden. Het gebrek aan coördinatie resulteerde in gemiste kansen om te anticiperen op de verwoestende aanval en deze te voorkomen.

Volgens de krant El País wordt dit boek beschouwd als het beste werk over Osama bin Laden, zijn relatie met Ayman al-Zawahiri en de gebeurtenissen van 11 september. Wrights nauwgezette onderzoek biedt een verhelderend en kritisch inzicht in de oorsprong en ontwikkeling van een van de meest schokkende gebeurtenissen in de moderne geschiedenis. De relevantie ervan blijft weerklank vinden in de mondiale politieke en veiligheidsarena, waarbij het belang van effectieve samenwerking en coördinatie tussen inlichtingendiensten wordt benadrukt.

Dit werk biedt een indringende blik op het complexe landschap van de Amerikaanse nationale veiligheid, waarbij de uitdagingen en gevolgen van institutionele rivaliteit in de strijd tegen het internationaal terrorisme worden benadrukt. Hun aanpak brengt de systemische mislukkingen aan het licht die het mogelijk hebben gemaakt dat 9/11 kon plaatsvinden, wat een waardevolle les oplevert over het belang van samenwerking en het delen van informatie bij het voorkomen van toekomstige aanvallen. Beschikbaar op Amazon via de volgende link: https://amzn.to/3TYFsZZ

2. ***"Data en Goliath: de veldslagen verborgen om te verzamelen jouw gegevens en controle Jij wereld "*** - Data en Goliath: de verborgen gevechten om uw gegevens te verzamelen en uw wereld te controleren | Bruce Schneier, 2016

In dit werk legt Schneier, een erkend veiligheidsexpert, het uitgebreide netwerk van surveillance, censuur en propaganda bloot dat in de hedendaagse samenleving heerst. Onderzoekt de gevaren van cybercriminaliteit, cyberterrorisme en cyberoorlog, en stelt technologische, juridische en sociale oplossingen voor om een rechtvaardiger, private en veilige wereld te creëren.

De auteur onderzoekt hoe onze persoonlijke gegevens worden gegenereerd als een natuurlijk bijproduct van onze online activiteiten, en onderzoekt hoe deze worden verzameld door zowel bedrijven als overheden. Daarnaast onderzoekt het de impact van surveillance op onze politieke vrijheden en rechten, en doet het aanbevelingen voor zowel de overheid als bedrijven. Het biedt ook praktische tips voor gebruikers om hun privacy in hun dagelijks leven te beschermen.

"Data en Goliath " is essentieel leesvoer voor degenen die de complexiteit van het digitale tijdperk en de implicaties van de massale gegevensverzameling voor onze samenleving willen begrijpen. Dit boek is beschikbaar op Amazon en biedt een geïnformeerde en inzichtelijke kijk op een onderwerp dat van vitaal belang is in de hedendaagse wereld. Beschikbaar in het Engels op Amazon https://amzn.to/49i9SvL

3. ***"Corazón so blanco"*** - Een hart zo wit | Javier Marias, 1999

"Corazón tan Blanco" van Javier Marías, gepubliceerd in 1999, heeft een onuitwisbare stempel gedrukt op de wereldliteratuur. De roman, gepubliceerd in 44 landen en vertaald in 37 talen, met meer dan 2.300.000 verkochte exemplaren wereldwijd, is internationaal bekroond en heeft lof ontvangen van zowel critici als lezers op verschillende taalkundige gebieden. Het is zonder twijfel een hedendaagse klassieker die in de loop van de tijd blijft bestaan.

Hoewel het niet specifiek een werk over spionage of intelligentie is, biedt 'Heart So White' universele lessen die de grenzen van het genre overstijgen. De hoofdpersoon, die een onbekende vrouw aanziet voor zijn beoogde date, herinnert ons aan het belang van nauwkeurige observatie en voorzichtigheid, zoals ervaren in de wereld van spionage. In deze omgeving ligt de meest waardevolle informatie vaak in wat niet wordt gezegd en kan de schijn bedriegen.

Marías' vermogen om een complex en boeiend plot te weven, vol intriges en spanning, brengt ons ertoe na te denken over de menselijke natuur en de complexiteit van interpersoonlijke relaties. "Heart So White" vermaakt ons niet alleen, maar nodigt ons ook uit om verder te kijken dan de oppervlakkige schijn en de verborgen diepten van de menselijke geest en het hart te verkennen. Het is te vinden op Amazon https://amzn.to/3VYjn0f

4. *"Galloperende Spionnen"* - Berry Bees Boek | Kat Le Blanc , 2020

In 'Galloping Spies' doen onze onverschrokken mini-spionnen mee aan een paardrijwedstrijd om het mysterie achter een verdachte brand te ontrafelen. Het is een raadsel dat alleen deze scherpzinnige agenten kunnen oplossen.

De Berry Bees -serie , bedacht door Carolina Capria en Maria Martucci , ook bekend als Cat Le Blanc, is een Italiaanse creatie die tot nu toe uit zes titels bestaat. De plot volgt Lola, Bobby en Juliette, een drietal meisjes met buitengewone capaciteiten, een sterke vriendschap en een geheim leven als Berry Bees- agenten bij de BIA (Bees Intelligence Agency), geleid door de mysterieuze mevrouw Berry. Met vaardigheden op het gebied van het hacken van systemen, het lezen van gedachten en een ongeëvenaarde behendigheid worden deze jonge vrouwen op missies gestuurd die volwassen agenten niet kunnen ondernemen. Hoewel ze nog niet in het Engels zijn vertaald, zijn de boeken in meerdere talen vertaald, waaronder Spaans, Catalaans, Portugees en andere.

De serie bevat spannende titels als Three Spies for a Miss, Mission Gold Collar en Danger in Paris, en biedt een boeiende mix van avontuur, intriges en vriendschap. Bovendien hebben de boeken een animatieserie geïnspireerd die in oktober 2019 in Australië in première ging. Als je een fan bent van spannende avonturen en mysteries, zullen de Berry Bees -boeken je zeker boeien! En je kunt ze krijgen op Amazon https://amzn.to/4cIDLZ7

5. **"Ik was de spion die van de commandant hield: een filmleven: van de nazi-kampen tot Fidel Castro, de CIA en de moordenaar van Kennedy"** - Marita: The Spion die van Castro hield | Marita Lorenz, 2015

In haar boek 'Ik was de spion die van de commandant hield' vertelt Marita Lorenz een leven gekenmerkt door turbulentie en intriges vanaf haar eerste dagen in Duitsland in 1939, te midden van de chaos van de invasie van Polen Marita, Duits schip en Amerikaanse actrice, maakte tijdens haar jeugd de verschrikkingen van het concentratiekamp Bergen- Belsen mee , waar ze ook op jonge leeftijd het slachtoffer werd van geweld.

Haar zeereizen met haar vader brachten haar in 1959 naar Havana, waar een toevallige ontmoeting met Fidel Castro leidde tot een hartstochtelijke relatie die haar op negentienjarige leeftijd tot zijn geliefde maakte. Haar relatie met Castro werd echter al snel overschaduwd door verraad en pijn toen de CIA haar ervan overtuigde dat hij verantwoordelijk was voor het verlies van haar baby, wat leidde tot een mislukte poging om hem te vermoorden.

Terugkerend naar Miami kruiste Marita prominente figuren zoals de voormalige Venezolaanse dictator Marcos Pérez Jiménez en raakte betrokken bij het politieke en sociale tumult van die tijd. Zijn connectie met het konvooi waarin Lee Harvey Oswald zat vóór de moord op Kennedy in 1963 en zijn betrokkenheid bij de wereld van de New Yorkse maffia voegen lagen van mysterie en gevaar toe aan zijn verhaal. Beschikbaar op Amazon via deze link: https://amzn.to/49wIzxP

FILMS:

1. **"Enigma ontcijferen"** - De Imitatie Spel | VS, 2014

[Ethische gevolgen]

"Enigma ontcijferen", ook wel bekend als " The Imitatie Game ", is een film uit 2014 die het waargebeurde verhaal vertelt van Alan Turing, gespeeld door Benedict Cumberbatch, en zijn team tijdens de Tweede Wereldoorlog, die werkten aan het kraken van de codes van de Enigma-machine die door Duitse troepen werd gebruikt. Hoewel het geen typische spionagefilm gaat het over kwesties als intelligentie, geheimen en persoonlijke opoffering bij de geheime dienst. Technologische innovatie, teamwerk, informatiebeveiliging, ethische consequenties en het nemen van moeilijke beslissingen zijn de belangrijkste lessen die inlichtingendiensten uit deze film kunnen leren nog steeds relevant in de moderne wereld, waar technologie, ethiek en informatiebeveiliging van fundamenteel belang zijn op het gebied van intelligentie, te vinden op grote streamingplatforms zoals Amazon Prime Video, Google TV, Apple TV, Netflix of HBO Max jouw regio, misschien YouTube, je kunt het gratis krijgen in het Spaans en in hoge resolutie op PlutoTV .

2. **" Malavita "** - De Familie | Een gevaarlijke familie | VS, 2013

[Beschermde informant]

" De Family ", ook bekend als " Malavita ", is een Amerikaanse film die het verhaal volgt van de familie Manzoni, geleid door Giovanni Manzoni, een voormalige gangster die nu werkt als FBI-informant. Om zijn familie te beschermen, worden ze overgebracht naar een pittoresk dorp in Normandië, Frankrijk, waar ze onder nieuwe namen een normaal leven proberen te leiden. Geweld en problemen uit het verleden achtervolgen hen echter en het gezin wordt geconfronteerd met gevaarlijke situaties terwijl ze zich proberen aan te passen aan hun nieuwe leven met een geweldige cast. Deze thriller, met in de hoofdrollen Robert De Niro , Michelle Pfeiffer en Tommy Lee Jones, biedt een intrigerende combinatie van drama, actie en spanning. Hij is beschikbaar in het Spaans op PlutoTV .

3. **"Vermomde spionnen"** - Vermomde spionnen | VS, 2019

[Aanpassingsvermogen]

"Spies in Disguise" is een geanimeerde actiekomedie, met in de hoofdrol Will Smith als superspion Lance Sterling, die, nadat hij per ongeluk in een duif is veranderd, gedwongen wordt samen te werken met een jonge uitvinder, gespeeld door Tom Holland. Samen moeten ze hun krachten bundelen om een slechterik tegen te houden en de wereld te redden. De film behandelt thema's als teamwerk, acceptatie van verschillen en het belang van emotionele intelligentie in conflictsituaties. Disney Plus, Apple TV en Google TV zijn goede opties om het te krijgen.

4. **"Zout"** | VS, 2010

[Interne veiligheid]

Met de dreiging van een dreigende catastrofe genaamd "Dag 'Salt' biedt een intrigerende kijk op de mogelijkheid van dubbelagenten binnen een organisatie. Het complot stimuleert reflectie over de noodzaak om beveiligingsmechanismen ter bescherming tegen interne dreigingen te herzien en te versterken. Met zijn snelle tempo en focus op loyaliteit, verraad en overleving boeit de film kijkers die genieten van spannende verhalen vol spionage en spanning. Je kunt het zien op Movistar Plus, Apple TV, Amazon Prime Video en andere platforms.

5. **"Word slim"** - Word slim | VS, 2008

[Technologie en gadgets]

In 'Get Smart', een spionagekomedie uit 2008, gebaseerd op de televisieserie 'Get Smart' uit de jaren zestig, speelt Steve Carell Maxwell Smart, een onhandige inlichtingenanalist die ernaar verlangt veldagent te worden. Wanneer het hoofdkwartier van de CONTROL Spy Agency wordt aangevallen, krijgt Smart de kans om zichzelf te bewijzen op een missie om de plannen van de terroristische organisatie KAOS te stoppen en de wereld te redden, samen met Agent 99, gespeeld door Anne Hathaway. De film biedt een mix van actie en komedie, waardoor het een leuke optie is om met het gezin te bekijken.

SERIE:

1. **" Tegenhanger "** - Parallel Lives (VS, 2016)

[20 afleveringen | 2 seizoenen]

" Counterpart ", bekend als "Parallel Lives", is een televisieserie die elementen van sciencefiction en spionage combineert. Het plot volgt Howard Silk, een medewerker op laag niveau bij een bureaucratisch orgaan van de VN in Berlijn, die ontdekt dat zijn organisatie de toegang tot een parallelle dimensie verbergt.

In deze andere wereld ontmoet Howard zijn tegenhanger, een man die identiek is aan hem, maar met een heel ander leven en een andere persoonlijkheid.

Naarmate de serie vordert, raakt Howard verwikkeld in een wereld van intriges, samenzweringen en geheimen waarbij beide realiteiten betrokken zijn, waarbij hij beseft dat hij slechts één persoon kan vertrouwen: zijn 'andere zelf' uit een andere dimensie. De serie onderzoekt thema's als identiteit, moraliteit en de gevolgen van onze beslissingen en biedt onverwachte wendingen en complexe karakterontwikkeling. "Vidas Paralelas" biedt een boeiende televisie-ervaring voor liefhebbers van sciencefiction en spanning, en kan worden bekeken op Movistar Plus en Amazon Prime Video.

2. **" Berlijn Station "** - Station Berlijn (VS, 2016)

[29 afleveringen | 3 seizoenen]

" Berlijn Station " is een spannend drama dat Daniel Meyer volgt, een CIA-agent die gedwongen wordt om met een clandestiene missie naar Berlijn te verhuizen. Zijn doel is om de oorsprong te ontdekken van een lek over een mol of verklikker binnen de dienst die informatie heeft verstrekt aan een klokkenluider die alleen bekend staat als 'Thomas Shaw' Daniel leert al snel omgaan met de gewelddadige en harde wereld van veldagenten, evenals met de misleidingen, gevaren en morele compromissen.

'Berlin Station' toont het interieur van een CIA-station in een Europese hoofdstad, waarin kwesties als internationale politiek, corruptie en verraad aan de orde komen, en het belang van toezicht en veiligheid in een steeds meer onderling verbonden wereld wordt onderstreept. Je kunt het bekijken op Epix , Amazon Prime Video of Apple TV, SkyShowtime , Movistar Plus en andere platforms, afhankelijk van je regio.

3. **" Verborgen Zaken "** - Geheime Zaken (VS, 2010)

[75 afleveringen | 5 seizoenen]

Een meertalige jonge CIA-stagiaire, Annie Walker, wordt naar de Domestic Protection Division (DPD) gestuurd, waar ze als veldagent dient. August " Aggie " Anderson, een blinde technologieagent, is Annie's gids in haar nieuwe leven. Annie's dekmantel is dat ze werkt op de afdeling Aanwinsten van het Smithsonian Museum .

' **Secret Affairs** ' onderscheidt zich van andere inlichtingen- en spionageseries door de sterke vrouwelijke hoofdrolspeler, wier reis van groentje tot doorgewinterde agent verweven is met haar persoonlijke en romantische leven, en door de toevoeging van een blind agent die het traditionele uitdaagt stereotypen van dit genre, die een diverser verhaal bieden. en emotioneel resonant vergeleken met andere series in het genre. Je kunt het bekijken op SkyShowtime , Amazon Prime Video, Apple TV , Peacock en andere platforms, afhankelijk van je regio.

4. **" Eve vermoorden "** (VS, 2018)

[24 afleveringen | 4 seizoenen]

" Killing Eve" is een spionagedrama gebaseerd op de romans van Luke Jennings. De plot draait om de intense wederzijdse obsessie tussen een vindingrijke MI6-agent wiens saaie baan afdwaalt van haar droom om spion te zijn en een meedogenloze en elegante psychopathische huurmoordenaar. Gedurende de serie nemen beide vrouwen het tegen elkaar op in een kat-en-muisspel dat hen door Europa en andere delen van de wereld voert.

De serie valt op door zijn verkenning van de complexe psychologie van de personages, zijn onverwachte toon van donkere humor en zijn frisse focus op thema's als identiteit, moraliteit en de aard van het kwaad, en biedt een spannende en unieke ervaring in het spionagethrillergenre. Het is beschikbaar op BBC America, AMC, Hulu, BBC iPlayer , HBO Max, Amazon Prime Video en andere lokale streamingplatforms.

5. **"KC Undercover "** - KC Special Agent (VS, 2015)

[77 afleveringen | 3 seizoenen]

" KC Undercover " is een komische actieserie die de avonturen volgt van een tiener wiskundestudente die ontdekt dat haar ouders geheime spionnen zijn. Terwijl ze dieper in de wereld van spionage duikt, wordt KC een agent in opleiding en moet ze haar dagelijkse leven als middelbare scholier in evenwicht brengen met haar geheime missies om de wereld te redden.

De serie zit vol humor, actie en familiemomenten terwijl je spannende spionage-avonturen beleeft. Je kunt ervan genieten op Disney Channel en Disney+ en andere streamingplatforms, afhankelijk van je regio en beschikbare streamingopties.

Het landschap van uitdagingen, controverses en ethische dilemma's waarmee inlichtingendiensten in de moderne tijd worden geconfronteerd, is enorm en complex. Van de snelle evolutie van de technologie tot de noodzaak om de nationale veiligheid in evenwicht te brengen met individuele rechten: deze entiteiten bevinden zich op een cruciaal kruispunt bij het behoud van de stabiliteit en het welzijn van samenlevingen.

Innovatieve methoden op het gebied van inlichtingenbeheer, zoals kunstmatige intelligentie, gezichtsherkenning en big data-analyse, vertegenwoordigen een sprong voorwaarts in het vermogen van inlichtingendiensten om opkomende dreigingen aan te pakken. Deze vooruitgang gaat echter niet zonder controverses en ethische dilemma's gepaard. Massabewaking, toegang tot persoonlijke gegevens en transparantie zijn hot topics die een delicaat evenwicht tussen veiligheid en privacy vereisen.

In deze context wordt internationale samenwerking steeds belangrijker om bedreigingen aan te pakken die de nationale grenzen overschrijden. Verschillen in wetgeving en ethische normen kunnen deze gezamenlijke inspanning echter belemmeren, wat de noodzaak van een mondiale en gecoördineerde aanpak onderstreept om de veiligheid in een onderling verbonden wereld te garanderen.

Uiteindelijk ligt de sleutel in het vinden van een evenwicht tussen technologische innovatie, het beschermen van de nationale veiligheid en het respecteren van individuele rechten. Transparantie, verantwoordingsplicht en respect voor de privacy zijn van cruciaal belang voor het behoud van het publieke vertrouwen en de legitimiteit van de acties van inlichtingendiensten.

Om dieper in dit onderwerp te duiken en een beter inzicht te krijgen in de uitdagingen en kansen waarmee inlichtingendiensten worden geconfronteerd, raad ik aan een film of serie te bekijken die ik heb geselecteerd om u aan te bevelen. Daarna nodig ik je uit om je reflecties te delen op je sociale netwerken, waar je met mij kunt communiceren en andere inhoud kunt vinden die ik heb gepubliceerd op mijn website, YouTube, Spotify en de belangrijkste sociale netwerken met de gebruiker @mujerseguro.

HOOFDSTUK 5: INTELLIGENTIE, TRANSPARANTIE EN VERANTWOORDELIJKHEID

Inlichtingendiensten hebben een enorme macht en capaciteit om de levens van burgers en de gang van zaken op nationale en internationale schaal te beïnvloeden. Daarom is het essentieel dat zij transparant opereren en verantwoordelijkheid nemen voor hun daden. Transparantie stelt de samenleving in staat de activiteiten van deze instanties beter te begrijpen en ervoor te zorgen dat hun acties in lijn zijn met de democratische waarden en mensenrechten.

Verantwoording daarentegen zorgt ervoor dat inlichtingendiensten verantwoording afleggen aan het publiek en aan de democratische instellingen voor hun daden en beslissingen. Dit omvat toezicht door de wetgevende macht, rechterlijke macht en andere toezichthoudende instellingen, evenals de mogelijkheid om misbruik of wangedrag door deze instanties te onderzoeken en te corrigeren.

Transparantie en verantwoordingsplicht zijn fundamentele beginselen voor elke instelling die aanzienlijke macht uitoefent, en inlichtingendiensten vormen hierop geen uitzondering. Transparant opereren betekent dat deze instanties hun methoden en activiteiten moeten communiceren binnen grenzen die de nationale veiligheid of lopende operaties niet in gevaar brengen. Verantwoordelijkheid voor uw daden is net zo cruciaal; Ze moeten hun activiteiten rechtvaardigen en de verantwoordelijkheid nemen voor eventuele gevolgen die uit hun daden voortvloeien.

Deze principes versterken niet alleen het vertrouwen van het publiek in inlichtingendiensten, maar dienen ook als controle op de macht die deze entiteiten bezitten. In een wereld waar de privacy steeds meer wordt bedreigd door technologie en gegevensverzameling, is het van cruciaal belang dat inlichtingendiensten zich houden aan hoge ethische normen en onderworpen zijn aan toezicht en controle.

Transparantie en verantwoording zijn ook van belang voor het democratisch functioneren van een samenleving. Ze bieden burgers de mogelijkheid om geïnformeerd te worden en vormen de basis voor het publieke debat en de formulering van beleid. Bovendien helpen ze machtsmisbruik te voorkomen en zorgen ze ervoor dat inlichtingendiensten ten behoeve van de samenleving opereren en niet ten koste daarvan.

Om de transparantie en verantwoording in het werk van inlichtingendiensten te verbeteren, kan een aantal maatregelen worden geïmplementeerd. Eén daarvan is het versterken van de toezicht- en controlemechanismen, waarbij wordt gegarandeerd dat er onafhankelijke instanties zijn die belast zijn met het toezicht op de activiteiten van deze agentschappen en het onderzoeken van eventuele onregelmatigheden of misbruik.

Een ander voorstel is het bevorderen van een cultuur van transparantie en openheid binnen de inlichtingendiensten zelf, waarbij de proactieve openbaarmaking van relevante informatie aan het publiek wordt aangemoedigd en de toegang tot gegevens over hun operaties en besluiten wordt vergemakkelijkt. Hierbij kan gedacht worden aan het publiceren van jaarverslagen, het deelnemen aan openbare hoorzittingen en het samenwerken met maatschappelijke organisaties en de media.

Bovendien is het belangrijk om de wettelijke en regelgevende mechanismen te versterken die het werk van inlichtingendiensten beheersen, en ervoor te zorgen dat er duidelijke en proportionele sancties zijn voor degenen die de wet overtreden of hun macht misbruiken. Dit kan het herzien en bijwerken van de inlichtingenwetten omvatten, maar ook het opzetten van onafhankelijke toezichtscommissies en het implementeren van waarborgen om de individuele rechten en de privacy van burgers te beschermen.

In dit vijfde hoofdstuk reflecteren we op het belang van inlichtingendiensten die transparant opereren en verantwoordelijkheid nemen voor hun daden, evenals op voorstellen om de transparantie en verantwoordingsplicht in hun werk te verbeteren. In dit boek zullen we de complexe wereld van inlichtingendiensten en hun impact op onze samenleving en de internationale orde blijven verkennen.

De macht is niet onbeperkt en inlichtingendiensten weten dat
De Duitse bondskanselier Angela Merkel en de toenmalige Braziliaanse president Dilma Rousseff hebben publiekelijk de massale surveillancepraktijken aan de kaak gesteld die door Edward Snowden zijn onthuld, waarmee ze de internationale bezorgdheid benadrukken over de schending van de privacy bij het monitoren van elektronische communicatie.

Inlichtingendiensten begrijpen dat macht niet onbeperkt is. Ze kunnen echter hun bevoegdheden op het gebied van het monitoren van elektronische communicatie misbruiken om onschuldige burgers, politieke dissidenten, journalisten en activisten te bespioneren, om zo de oppositie te onderdrukken en de politieke controle te behouden. Dit ondermijnt het publieke vertrouwen in overheidsinstellingen en bedreigt de rechtsstaat. Dit bewustzijn van de grenzen van de macht is essentieel voor het handhaven van het evenwicht tussen de nationale veiligheid en het respect voor privacy en burgerrechten.

Nu stel ik nog een koffiepauze voor, omdat dit punt een nadere beschouwing verdient. Ik zal concrete praktijkvoorbeelden met u delen die u zullen helpen beter te begrijpen hoe het monitoren van elektronische communicatie ons leven beïnvloedt. Van schandalen die de wereld hebben geschokt tot berichten over alledaagse situaties van machtsmisbruik. Aan de hand van concrete voorbeelden hoop ik u de complexiteit van dit onderwerp te laten zien en hoe het ons in ons dagelijks leven beïnvloedt. Heeft u uw kopje al klaar? Daar gaan we!

Laten we beginnen met de meest emblematische zaak, het Watergate-schandaal, waarbij agenten van de regering van president Nixon een illegale inval uitvoerden op het hoofdkwartier van het Nationaal Comité van de Democratische Partij in het Watergate-gebouw in Washington DC, met als doel informatie te verkrijgen over de politieke situatie. strategieën van zijn Democratische rivalen tijdens de Amerikaanse presidentsverkiezingen in 1972.

In 2017 werd onthuld dat de Mexicaanse regering controversiële spionagesoftware, bekend als 'Project Pegasus', had gebruikt *om* journalisten, mensenrechtenactivisten en politieke tegenstanders te bespioneren, wat leidde tot wijdverbreide protesten en kritiek over machtsmisbruik en verkrachting.

De Amerikaanse NSA wordt er ook van beschuldigd wereldleiders als Angela Merkel, François Hollande en Dilma Rousseff te bespioneren, waardoor aanzienlijke diplomatieke spanningen ontstaan en de veiligheid van de diplomatieke communicatie in twijfel wordt getrokken.

Sommigen beweren dat de machtige Mossad van Israël leiders als de Amerikaanse minister van Buitenlandse Zaken John Kerry bespioneerde tijdens vredesonderhandelingen tussen Israël en Palestina, waardoor bezorgdheid ontstond over de veiligheid van de diplomatieke communicatie tussen Israël en de Verenigde Staten.

Rusland wordt beschuldigd van spionage tegen leiders als François Hollande en Angela Merkel, waardoor de spanningen tussen Rusland en verschillende Europese landen toenemen en zorgen ontstaan over de veiligheid van diplomatieke communicatie.

In Latijns-Amerika zijn er ook gevallen geweest van schandalen rond het bespioneren van elektronische communicatie van staatshoofden en politieke leiders. Naast de president van Brazilië Dilma Rousseff en haar voorganger Luiz Inácio Lula da Silva, in Brazilië; In 2013 werd onthuld dat de NSA mogelijk de elektronische communicatie van de toenmalige Mexicaanse president Enrique Peña Nieto en andere hoge Mexicaanse functionarissen had onderschept.

Dit schandaal veroorzaakte een ernstige diplomatieke crisis tussen de Verenigde Staten en Mexico, en leidde tot ernstige zorgen over de privacy van communicatie in de regio. Deze zaak illustreert hoe spionage van elektronische communicatie aanzienlijke gevolgen kan hebben voor de bilaterale betrekkingen tussen landen en het vertrouwen tussen regeringen.

Meer recentelijk is de Braziliaanse inlichtingendienst (ABIN) tijdens de ambtsperiode van president Jair Bolsonaro verwikkeld geraakt in een illegaal spionageschandaal tegen politieke rivalen en journalisten. De Braziliaanse federale politie beweert dat het bureau met behulp van een computerprogramma dat bekend staat als FirstMile in staat was om elke twaalf maanden de bewegingen van maximaal 10.000 mensen te volgen zonder enig officieel protocol te volgen.

Het enige dat nodig was, was het digitaliseren van zijn telefoonnummer om deze surveillanceactiviteiten uit te voeren.

Uit onthullingen van Edward Snowden bleek dat de NSA de communicatie van Chinese leiders, waaronder president Xi Jinping, had bespioneerd, wat leidde tot veroordeling door de Chinese regering en tot spanningen in de bilaterale betrekkingen met de Verenigde Staten.

Dit zijn slechts enkele voorbeelden van gevallen waarin privacyschendingen hebben plaatsgevonden bij het monitoren van elektronische communicatie, wat het belang onderstreept van het instellen van passende waarborgen en controles om de burgerrechten en privacy van individuen te beschermen.

Monitoring van elektronische communicatie: het goede, het mooie en het lelijke

Hoewel dit aanleiding kan geven tot bezorgdheid over de privacy, speelt het monitoren van elektronische communicatie een cruciale rol bij het beschermen van de nationale veiligheid en het welzijn van burgers. Inlichtingendiensten maken gebruik van geavanceerde surveillancetechnieken om dreigingen, van terrorisme tot cybercriminaliteit, te identificeren en te voorkomen. In deze context is het belangrijk om zowel de voordelen als de ethische uitdagingen die met deze praktijken gepaard gaan te begrijpen, evenals hun impact op ons dagelijks leven.

Van sms'en tot online winkelen: uw dagelijkse activiteiten laten een digitaal spoor achter dat kan worden gevolgd en geanalyseerd. Daarom laat ik je, zonder warme woorden, het goede, het mooie en het lelijke zien van het monitoren van elektronische communicatie, zodat je er bij elke cyberinteractie rekening mee houdt en goed nadenkt over de gevolgen van je acties 'voor de *klik* '. "

Het goede
Preventie van bedreigingen: Het monitoren van elektronische communicatie kan een effectief instrument zijn om terroristische activiteiten, cyberaanvallen, transnationale misdaden en andere bedreigingen voor de nationale veiligheid te voorkomen. Door grote hoeveelheden gegevens te analyseren kunnen inlichtingendiensten patronen en vroege waarschuwingssignalen identificeren die kunnen wijzen op het plannen van criminele acties. Er zijn talloze gevallen waarin het monitoren van elektronische communicatie essentieel is geweest om bedreigingen te voorkomen. Enkele van de volgende voorbeelden zullen u ongetwijfeld bekend voorkomen:

- **De bomaanslag in Boston:** Na de bomaanslag op de Boston Marathon in 2013 werd ontdekt dat de daders, de gebroeders Tsarnaev , vóór de aanval jihadistische berichten op internet hadden uitgewisseld. Door elektronische communicatie te monitoren, konden de autoriteiten andere mogelijke aanvalsplannen volgen en verstoren.

- **Het complot om koningin Elizabeth II te vermoorden:** In 2014 onderschepte de Britse inlichtingendienst elektronische communicatie tussen verdachten die van plan waren koningin Elizabeth II te vermoorden tijdens een herdenkingsceremonie in Londen. Dankzij het afluisteren van deze communicatie werden arrestaties verricht en werd de aanval voorkomen.

- **Het terroristische complot in Australië:** In 2017 verijdelden Australische inlichtingendiensten een terroristisch complot met een plan om een vliegtuig op te blazen. Het monitoren van elektronische communicatie was cruciaal voor het identificeren van de samenzweerders en het voorkomen van de geplande aanval.

Deze gevallen benadrukken hoe het monitoren van elektronische communicatie een effectief instrument kan zijn om terroristische en criminele aanslagen op te sporen en te voorkomen, en zo de veiligheid en het welzijn van de bevolking te helpen beschermen.

Strategische inlichtingen: Het monitoren van elektronische communicatie verschaft overheden waardevolle informatie over de intenties en capaciteiten van buitenlandse actoren, waaronder vijandige regeringen, terroristische organisaties en criminele groeperingen. Deze strategische intelligentie kan helpen bij het sturen van buitenlands beleid, militaire operaties en nationale veiligheidsbeslissingen.

Hier zijn enkele specifieke gebeurtenissen die illustreren hoe strategische inlichtingen, ondersteund door monitoring van elektronische communicatie, het buitenlands beleid, militaire operaties en nationale veiligheidsbeslissingen hebben beïnvloed:

- **De Cubaanse rakettencrisis (1962):** Tijdens de Cubaanse rakettencrisis werd door de Verenigde Staten elektronische communicatiemonitoring gebruikt om berichten tussen Sovjet- en Cubaanse leiders te onderscheppen en te decoderen. Deze inlichtingen verschaften cruciale informatie over de militaire plannen en capaciteiten van de Sovjet-Unie in Cuba, waardoor de Verenigde Staten weloverwogen beslissingen konden nemen en diplomatieke druk konden uitoefenen om de crisis vreedzaam op te lossen.

- **Operatie Neptunus Spear (2011):** Het monitoren van elektronische communicatie speelde een cruciale rol bij het lokaliseren en volgen van Osama bin Laden, de leider van Al Qaeda, culminerend in de Amerikaanse geheime operatie bekend als Neptunus Speer . Door middel van elektronisch toezicht verkregen inlichtingen stelden Amerikaanse speciale troepen in staat met succes de aanval op Abbottabad , Pakistan, uit te voeren , waar Bin Laden uiteindelijk werd gevonden en geëlimineerd.

- **De aanval op de Amerikaanse ambassade in Benghazi (2012):** Na de aanval op de Amerikaanse ambassade in Benghazi, Libië, hielpen elektronische communicatiemonitoring de autoriteiten om degenen die verantwoordelijk waren voor de aanval op te sporen en gevangen te nemen. Inlichtingen verkregen via elektronisch toezicht speelden een belangrijke rol bij het identificeren van daders en het coördineren van wetshandhavings- en terrorismebestrijdingsoperaties.

Deze gevallen benadrukken hoe monitoring van elektronische communicatie in kritieke situaties is gebruikt om strategische inlichtingen te verkrijgen die politieke, militaire en nationale veiligheidsbeslissingen hebben beïnvloed.

Oplossen van misdaden: Analyse van elektronische-communicatiegegevens kan nuttig zijn bij het onderzoeken en oplossen van misdaden, waaronder ernstige misdrijven zoals drugshandel, mensenhandel en het witwassen van geld. Inlichtingendiensten kunnen deze informatie gebruiken om daders te identificeren, criminele netwerken te ontmantelen en wetshandhavingsoperaties uit te voeren.
De analyse van elektronische-communicatiegegevens is van fundamenteel belang geweest in tal van strafrechtelijke onderzoeken. Hier zijn enkele voorbeelden:

- **De dood van Jon Benét Ramsey:** In deze spraakmakende zaak uit 1996 was de analyse van e-mails en oproeplogboeken cruciaal bij het identificeren van mogelijke verdachten en de verbanden daartussen. Hoewel de zaak onopgelost blijft, blijft de analyse van elektronische-communicatiegegevens een belangrijk hulpmiddel voor onderzoekers die eraan werken.
- **De moord op Hae Min Lee (Adnan Syed) - Serial Podcast:** werd de focus van het eerste seizoen van de "Serial" podcast. Adnan Syed werd in 1999 veroordeeld voor de moord op zijn ex-vriendin Hae Min Lee. Analyse van telefoongespreksgegevens en elektronische-communicatiegegevens speelden een beslissende rol in het onderzoek en de rechtszaak, verschaften aanwijzingen over de bewegingen van Syed en hielpen bij het opbouwen van de vervolgingszaak. .
- **Operatie Tandem (Spanje):** Bij deze politieoperatie die in 2019 in Spanje werd uitgevoerd, werd analyse van elektronische-communicatiegegevens gebruikt om een internationaal netwerk voor drugshandel te ontmantelen. De autoriteiten konden de communicatie tussen leden van het netwerk volgen, de belangrijkste betrokken personen identificeren en de acties voor hun arrestatie en vervolging coördineren.

Deze voorbeelden illustreren hoe het analyseren van elektronische-communicatiegegevens waardevolle aanwijzingen kan opleveren, verbanden tussen mensen en gebeurtenissen kan leggen en aanzienlijk kan bijdragen aan het oplossen van misdaden.

De mooie
Internationale samenwerking: Het monitoren van elektronische communicatie omvat vaak samenwerking tussen inlichtingendiensten van verschillende landen, die internationale samenwerking kunnen bevorderen in de strijd tegen terrorisme,

georganiseerde misdaad en andere transnationale dreigingen. Deze samenwerking kan helpen bij het delen van informatie, bronnen en best practices om gemeenschappelijke beveiligingsuitdagingen aan te pakken.

Er zijn verschillende voorbeelden van gevallen waarin internationale samenwerking, gefaciliteerd door het monitoren van elektronische communicatie, doorslaggevend is geweest bij het onderzoeken en oplossen van misdaden, maar ook bij het aanpakken van bedreigingen voor de nationale veiligheid. Hier zijn enkele voorbeelden:

- **Operatie Emperor:** Deze operatie was een gezamenlijke inspanning van verschillende wetshandhavings- en inlichtingendiensten in Europa om in 2012 een witwasnetwerk te ontmantelen dat verband hield met de Chinese maffia. Het delen van inlichtingen en samenwerking bij het monitoren van elektronische communicatie tussen landen als Spanje, Frankrijk en Italië waren van fundamenteel belang voor het succes van de operatie en de arrestatie van talrijke verdachten.
- **Terroristische aanslagen in Parijs:** Na de tragische terroristische aanslagen in Parijs in november 2015, waarbij 130 doden vielen, was er sprake van intensieve internationale samenwerking tussen inlichtingendiensten van verschillende landen. Het delen van informatie via monitoring van elektronische communicatie hielp bij het identificeren van daders en hun ondersteunende netwerken, en bij het voorkomen van toekomstige geplande aanvallen.
- **Casus van de Argentijnse onderzeeër ARA San Juan:** Toen de onderzeeër in november 2017 verdween, werd een internationale zoek- en reddingsoperatie op gang gebracht. Samenwerking tussen inlichtingendiensten uit verschillende landen maakte het mogelijk om elektronische communicatie te volgen en mogelijke signalen van de onderzeeër te geolokaliseren, wat uiteindelijk leidde tot de ontdekking van de locatie en het ophelderen van de omstandigheden van zijn verdwijning.

Deze gevallen benadrukken hoe internationale samenwerking, gefaciliteerd door de uitwisseling van informatie door het monitoren van elektronische communicatie, van cruciaal belang kan zijn in de strijd tegen terrorisme, georganiseerde misdaad en andere uitdagingen voor de nationale veiligheid. Samenwerking tussen inlichtingendiensten uit verschillende landen maakt het mogelijk om te profiteren van gedeelde middelen en kennis om gemeenschappelijke dreigingen effectiever aan te pakken.

Technologische innovatie: De ontwikkeling en inzet van technologieën voor het monitoren van elektronische communicatie kunnen vooruitgang stimuleren op gebieden als cryptografie, kunstmatige intelligentie en big data-analyse. Deze innovaties kunnen toepassingen hebben die verder gaan dan de nationale veiligheid en de samenleving als geheel ten goede komen op gebieden als de gezondheidszorg, het onderwijs en de economie.

Hier zijn enkele concrete voorbeelden van hoe technologische innovatie op het gebied van het monitoren van elektronische communicatie de samenleving ten goede is gekomen op gebieden als gezondheidszorg, onderwijs en de economie:

- **Detectie van uitbraken:** In 2019 gebruikten onderzoekers gegevens van sociale media en elektronische communicatie om uitbraken van door muggen overgedragen ziekten in Brazilië te volgen en te voorspellen. De analyse van de bewegingspatronen van mensen maakte het mogelijk risicogebieden te identificeren en preventieve maatregelen te nemen om de verspreiding van ziekten zoals dengue en Zika tegen te gaan.
- **Economische ontwikkeling** : In Singapore heeft de regering elektronische-communicatiegegevens gebruikt om de bestedingspatronen van burgers te analyseren en hun financiële gedrag beter te begrijpen. Deze informatie wordt gebruikt om economisch beleid te ontwerpen dat groei en duurzame ontwikkeling bevordert, en om investeringsmogelijkheden in verschillende sectoren van de economie te identificeren.
- **Voorkomen van financiële fraude:** In de banksector zijn systemen voor het monitoren van elektronische communicatie geïmplementeerd om frauduleuze activiteiten, zoals het witwassen van geld en creditcardfraude, op te sporen en te voorkomen. Deze systemen maken gebruik van geavanceerde algoritmen om grote hoeveelheden gegevens te analyseren en verdachte patronen van financiële activiteiten te detecteren.

Deze voorbeelden illustreren hoe technologische innovatie op het gebied van het monitoren van elektronische communicatie een positieve impact kan hebben op de samenleving door de volksgezondheid, de economie en de financiële zekerheid te verbeteren. Het is echter belangrijk om ervoor te zorgen dat het gebruik van deze technologie ethisch gebeurt en de privacy en individuele rechten van mensen respecteert.

Verantwoording en toezicht: In veel democratische landen is het toezicht op elektronische communicatie onderworpen aan gerechtelijk en parlementair toezicht, evenals aan verantwoordingsmechanismen. Dit helpt ervoor te zorgen dat de activiteiten van inlichtingendiensten binnen het wettelijke kader vallen en de burgerrechten en privacy van burgers respecteren. Hier zijn enkele concrete voorbeelden:

- **Inlichtingencommissie van de Amerikaanse Senaat:** houdt toezicht op de activiteiten van Amerikaanse inlichtingendiensten, waaronder de National Security Agency (NSA). In 2013, nadat Edward Snowden de omvang van het elektronische surveillanceprogramma van de NSA had onthuld, voerde de commissie uitgebreide onderzoeken en openbare hoorzittingen uit om surveillancepraktijken te onderzoeken en ervoor te zorgen dat de burgerrechten werden gerespecteerd.
- **UK Intelligence Oversight Act:** Stelt een juridisch kader vast voor toezicht op de activiteiten van inlichtingendiensten, zoals de regering Mededeling Hoofdkwartier (GCHQ). Op grond van deze wet werd de Intelligence

Surveillance Commissioner opgericht, die belast is met het beoordelen van de activiteiten van de agentschappen en het waarborgen dat zij zich aan de wet houden.

- **Rapport van de Australian Independent Review Committee:** Voert regelmatig evaluaties uit van de activiteiten van Australische inlichtingendiensten. In zijn rapport uit 2017 heeft het een reeks veranderingen aanbevolen om de verantwoordingsplicht te versterken en de privacy van burgers te beschermen.
- **Verslag van de Canadese Security and Privacy Review Commissioner : beoordeelt de activiteiten van** inlichtingendiensten , zoals de Canadian Communications Security Agency (CSE) . In zijn rapport uit 2019 identificeerde de commissaris tekortkomingen in het CSE-toezicht en beval hij maatregelen aan om de bescherming van de privacy van burgers te verbeteren.

Dit zijn slechts enkele voorbeelden van hoe verantwoordings- en toezichtsmechanismen in verschillende landen in werking zijn om ervoor te zorgen dat het toezicht op elektronische communicatie wordt uitgevoerd binnen het wettelijke kader en met respect voor de burgerrechten en de privacy van burgers.

Discretie en voorzichtigheid bij het omgaan met informatie op het gebied van inlichtingen zijn echter essentieel. Zoals het 'Rabin-rapport' uit 1974 suggereert, zou het openbaar maken van details over de activiteiten van deze instanties bronnen, agenten, methoden en agenten in gevaar kunnen brengen. Vertrouwelijkheid vormt de hoeksteen voor de effectiviteit van operaties en het garanderen van de nationale veiligheid.

De lelijke

Schending van de privacy: Het monitoren van elektronische communicatie kan een inbreuk vormen op de rechten van burgers op privacy en vrijheid van meningsuiting door hun persoonlijke gegevens te verzamelen en te analyseren zonder hun toestemming. Dit roept ethische en juridische zorgen op over de omvang en aard van overheidstoezicht in democratische samenlevingen. Er zijn verschillende voorbeelden van gevallen waarin privacyschendingen hebben plaatsgevonden bij het monitoren van elektronische communicatie. Hier zijn enkele voorbeelden:

- **The Edward Snowden Revelations (2013):** Edward Snowden, een voormalige contractant van de National Security Agency (NSA) van de Verenigde Staten, lekte geheime documenten die massale surveillanceprogramma's onthulden die werden uitgevoerd door de NSA en andere inlichtingendiensten. Deze programma's omvatten het willekeurig verzamelen van elektronische-communicatiegegevens van Amerikaanse burgers en buitenlanders, waardoor bezorgdheid ontstond over massale schendingen van de privacy.
- **The Cambridge Analytica Case (2018):** Politiek adviesbureau Cambridge Analytica heeft tijdens de Amerikaanse presidentsverkiezingen van 2016 op onrechtmatige wijze persoonlijke gegevens van miljoenen Facebook-gebruikers verkregen en deze gebruikt om psychografische profielen te creëren

en gepersonaliseerde politieke boodschappen te sturen van elektronische-communicatiegegevens kan de privacy van mensen ondermijnen en democratische processen manipuleren.
- **zaak Hacking Team (2015):** De activiteiten van een Italiaans bedrijf op het gebied van surveillancetechnologie blootgelegd. Nadat ze waren gehackt, lekten er documenten uit waaruit de verkoop van computerspionagetools aan overheden over de hele wereld bleek.

Deze tools gaven overheden de mogelijkheid om elektronische communicatie te onderscheppen en toegang te krijgen tot een breed scala aan informatie op elektronische apparaten, waaronder contacten, applicaties, oproepen, audio, camera, chat, wachtwoorden en meer, waardoor de privacy en veiligheid van gebruikers in gevaar kwamen.

Twee van de opmerkelijke producten van dit bedrijf zijn Galileo en DaVinci , handelsnamen van Remote Control System . Toen het schandaal aan het licht kwam, werd onthuld dat landen als Brazilië, Chili, Colombia, Ecuador, Honduras, Mexico en Panama licenties hadden verkregen om deze spionagetools te gebruiken.

Valse positieve resultaten en fouten: Geautomatiseerde analyse van elektronische-communicatiegegevens kan valse positieve resultaten en fouten genereren, wat kan leiden tot oneerlijke onderzoeken, willekeurige detenties en mensenrechtenschendingen. Bovendien vergroot het massaal verzamelen van gegevens het risico op verkeerde identificatie en misbruik van gevoelige informatie. Hier deel ik enkele voorbeelden die dienen om na te denken over deze delicate kwestie:

- **Naamverwarring** : In sommige gevallen kunnen geautomatiseerde analysesystemen ten onrechte mensen identificeren met namen die lijken op bekende verdachten. Een persoon met een gewone naam kan bijvoorbeeld ten onrechte worden geïdentificeerd als verdachte van criminele activiteiten als gevolg van een fout in de analyse van communicatiegegevens.
- **Verkeerde interpretatie van berichten:** Algoritmen die worden gebruikt om sms-berichten of online gesprekken te analyseren, kunnen de context of toon van gesprekken verkeerd interpreteren, wat leidt tot onjuiste conclusies over de aard van de communicatie. Dit kan ertoe leiden dat mensen ten onrechte worden geïdentificeerd als verdachten van criminele of terroristische activiteiten.
- **Detectie van onjuiste patronen:** Geautomatiseerde analysesystemen kunnen valse positieven genereren door patronen te detecteren die geen verband houden met criminele of terroristische activiteiten. Een algoritme kan bijvoorbeeld ten onrechte bepaalde gedragingen of trefwoorden identificeren als indicatoren voor verdachte activiteiten, terwijl ze in feite deel uitmaken van normale, legitieme activiteiten.

Algoritmen die worden gebruikt bij de analyse van elektronische-communicatiegegevens kunnen vertekend zijn door factoren zoals de kwaliteit van de trainingsgegevens of door vooroordelen die impliciet aanwezig zijn in het algoritmeontwerp. Dit kan ertoe leiden dat mensen ten onrechte als verdachte worden aangemerkt op basis van kenmerken als ras, religie of politieke overtuiging.

Deze voorbeelden illustreren hoe fouten in de geautomatiseerde analyse van elektronische-communicatiegegevens vals alarm kunnen genereren en kunnen leiden tot oneerlijke onderzoeken of onrechtmatige arrestaties. Het is van cruciaal belang om strenge kwaliteitscontroles en toezichtsmechanismen te implementeren om deze risico's te beperken en nauwkeurigheid en eerlijkheid bij de gegevensanalyse te garanderen.

Ten slotte is het monitoren van elektronische communicatie in de inlichtingendiensten een krachtig instrument dat waardevolle informatie kan opleveren voor de nationale veiligheid en misdaadpreventie. **Het mooie** ligt in het vermogen ervan om potentiële bedreigingen te detecteren en de samenleving te beschermen tegen dreigende gevaren. De implementatie ervan brengt echter ook ethische en juridische uitdagingen met zich mee, evenals zorgen over privacy en individuele rechten. **Het mooie** van monitoring is dat het de veiligheid en het welzijn van de bevolking kan versterken door risico's te identificeren en te neutraliseren. Aan de andere kant manifesteert **het lelijke** zich in machtsmisbruik en schending van burgerrechten wanneer het zonder onderscheid of zonder behoorlijk toezicht en controle wordt gebruikt. Uiteindelijk is het belangrijk om een evenwicht te vinden tussen de effectiviteit van deze praktijken en het respect voor de democratische beginselen en fundamentele mensenrechten.

Samenvattend heeft het monitoren van elektronische communicatie door inlichtingendiensten positieve aspecten, zoals het voorkomen van dreigingen en internationale samenwerking, maar brengt het ook aanzienlijke uitdagingen met zich mee op het gebied van privacy, toezicht en het risico van machtsmisbruik. Het is van cruciaal belang om een evenwicht te vinden tussen nationale veiligheid en individuele rechten om een vrije en democratische samenleving te garanderen.

Metadata en Big Data : de uitdaging van gegevenstoegang en -beheer

Metadata zijn als de digitale vingerafdrukken van onze elektronische communicatie. Hoewel ze niet de feitelijke inhoud van onze berichten bevatten, onthullen ze verrassend veel informatie over wie we zijn, wat we doen en met wie we communiceren.

Wanneer we een e-mail of sms sturen, is de inhoud zelf vergelijkbaar met het bericht dat in een brief is geschreven, terwijl de metadata de informatie op de envelop zou zijn: wie het heeft verzonden, wie het heeft ontvangen, de datum, het tijdstip en de locatie van waarmee het wordt verzonden.

Waarom zijn deze 'digitale enveloppen' zo belangrijk voor de nationale inlichtingendiensten? Om te beginnen kunnen metadata een compleet beeld geven van communicatienetwerken en relaties tussen individuen. Door bijvoorbeeld metadata uit telefoongesprekken, e-mails of sociale media te analyseren, kunnen inlichtingendiensten gedragspatronen, verbindingen tussen mensen en zelfs potentiële bedreigingen voor de nationale veiligheid identificeren.

Stel, je werkt als inlichtingenanalist en je vindt de telefoonrekening van iemand naar wie onderzoek wordt gedaan in de vuilnisbak van de buurt. In dit wetsvoorstel is het belrapport van de laatste cyclus opgenomen, waarin u aanwijzingen ontdekt dat genoemde persoon veelvuldig contact heeft gehad met personen die verdacht worden van terroristische activiteiten. Deze bevinding kan u attent maken op de mogelijkheid dat deze persoon betrokken is bij illegale activiteiten of wordt gerekruteerd voor terroristische activiteiten. In die zin zijn metadata een instrument van onschatbare waarde om bedreigingen te voorkomen en de veiligheid van een land te beschermen, zonder de noodzaak om de privacy van mensen te schenden, aangezien ze geen toegang bieden tot de intieme inhoud die ze hebben gedeeld.

Bovendien kunnen ze helpen opkomende trends te identificeren, criminele of terroristische activiteiten in realtime op te sporen en cruciale informatie te verschaffen voor de besluitvorming op het gebied van de nationale veiligheid. Analyse van metadata van sociale media zou bijvoorbeeld de verspreiding van extremistische propaganda of de coördinatie van terroristische aanslagen aan het licht kunnen brengen.

Met andere woorden, metadata zijn als kleine stukjes van een puzzel die, als ze op de juiste manier in elkaar worden gezet, een duidelijk beeld van de situatie kunnen opleveren. In de context van de nationale inlichtingendiensten zijn ze een essentieel instrument voor het begrijpen en aanpakken van veiligheidsdreigingen, het beschermen van burgers en het behouden van de stabiliteit van een land.

Het grote dilemma: metadata en persoonlijke privacy
De inhoud van berichten onthult intieme en persoonlijke details over de gesprekken, meningen en emoties van mensen, terwijl metadata meer algemene informatie over communicatie biedt zonder noodzakelijkerwijs de werkelijke inhoud van de berichten te onthullen. Om deze reden wordt **metadata-analyse als minder invasief beschouwd dan directe toegang tot de inhoud van elektronische communicatie** vanwege de aard van de informatie die ze bevatten.

Zoals ik al heb uitgelegd, kunnen metadata onder meer details bevatten zoals wie een bericht verzendt, wie het ontvangt, het tijdstip en de duur van een telefoongesprek, de locaties waar berichten worden verzonden. Hoewel deze informatie behulpzaam kan zijn bij het begrijpen van de connecties en gedragspatronen van mensen, onthult deze niet de exacte inhoud van wat er wordt gecommuniceerd. Hoewel het de privacy gedeeltelijk aantast, schendt het dus niet de privacy van de communicatie. En dat is belangrijk om te begrijpen.

Bovendien worden metagegevens beschouwd als onderdeel van de elektronische communicatie die telecommunicatiebedrijven en internetproviders verzamelen en opslaan als onderdeel van hun normale activiteiten, op de telefoonrekening, in de Gouden Gids, aangesloten clubs en elke abonnementsdienst. Dit betekent dat deze bedrijven in veel gevallen al metadata verzamelen en opslaan voor commerciële doeleinden, zoals efficiënte communicatierouting of facturering voor diensten.

Het is echter belangrijk op te merken dat hoewel metadata misschien minder invasief zijn in vergelijking met de inhoud van communicatie, deze nog steeds een aanzienlijke hoeveelheid informatie over het privéleven en de bewegingen van mensen kan onthullen.

Om deze reden moeten de toegang tot en het gebruik van metagegevens ook onderworpen zijn aan passende waarborgen en controles om de burgerrechten en de privacy van individuen te beschermen.

Geef toegang tot metadata in uw dagelijks leven
In een steeds meer gedigitaliseerde wereld, waar bedreigingen zoals terrorisme, georganiseerde misdaad en criminele activiteiten voortdurend evolueren, wordt het toestaan van toegang tot metadata aan overheidsinstanties beschouwd als een noodzakelijke en onmisbare maatregel om een snelle en effectieve reactie te garanderen.

Inlichtingendiensten zijn niet geïnteresseerd in de intieme privélevens van mensen, en dit om drie fundamentele redenen: ten eerste is het illegaal om de privacy van mensen te schenden; ten tweede beschikken ze niet over de middelen om dit te doen; en ten derde is intieme inhoud die in de communicatie wordt gedeeld niet noodzakelijk om de doelstellingen van nationale veiligheidsdiensten te bereiken.

Daarom zijn ze, in plaats van sms-berichten of e-mails te lezen, meer geïnteresseerd in de algemene details: wie met wie communiceert, wanneer en waar vandaan. Dit zijn metadata, ogenschijnlijk onbelangrijke stukjes informatie, maar waardevol omdat ze cruciale patronen en verbanden kunnen onthullen.

Een metadata-analyse zou bijvoorbeeld een reeks telefoongesprekken tussen verdachte personen in een bepaald geografisch gebied kunnen detecteren. Dit zou de autoriteiten kunnen waarschuwen voor mogelijke criminele activiteiten die plaatsvinden en hen in staat stellen snel in te grijpen om een ernstig incident te voorkomen. De overheid heeft metagegevens nodig om haar vitale activa in de loop van de tijd en voor alle domeingebruik te kunnen beheren, begrijpen, toegang mogelijk te maken en te behouden.

In feite is de toegang van staats- en regeringsleiders tot metadata zonder de noodzaak van aanvullende rechterlijke toestemming gebaseerd op een reeks juridische en nationale veiligheidsoverwegingen. In veel landen verlenen wetten op het gebied van telecommunicatie, inlichtingen en nationale veiligheid overheidsinstanties de bevoegdheid om metagegevens te verzamelen en te analyseren in de context van hun nationale veiligheids- en defensiefuncties, waardoor bedreigingen zoals terrorisme, georganiseerde misdaad en criminele activiteiten worden voorkomen. Deze aanpak is echter niet zonder controverse. Het is een complex dilemma waarmee we worden geconfronteerd in het digitale tijdperk, waarin veiligheid en privacy vaak met elkaar conflicteren.

Belangrijk is dat toegang tot metagegevens zonder aanvullende rechterlijke toestemming ook aanleiding geeft tot bezorgdheid over mogelijk machtsmisbruik en schending van de burgerrechten en privacy van individuen. Om deze reden is het van essentieel belang dat er passende waarborgen en controles worden ingevoerd om ervoor te zorgen dat de toegang tot metagegevens wordt gebruikt op een manier die evenredig en transparant is en onderworpen is aan onafhankelijk toezicht.

Essentiële controles: toegang tot metadata beschermen

Om ervoor te zorgen dat de toegang tot metagegevens wordt gebruikt op een manier die evenredig en transparant is en onderworpen is aan onafhankelijk toezicht, is het essentieel om een reeks passende waarborgen en controles in te voeren. Enkele belangrijke maatregelen kunnen zijn:

- **Rechterlijk toezicht:** Zet een systeem op waarin een rechter de toegang tot metagegevens autoriseert en controleert, en ervoor zorgt dat deze adequaat gerechtvaardigd is en beperkt wordt tot legitieme gevallen die verband houden met de nationale veiligheid of de preventie van ernstige criminaliteit.
- **Juridische beperkingen:** Definieer duidelijke en precieze grenzen aan de toegang tot metagegevens via specifieke wetten, waarbij de legitieme doeleinden worden gespecificeerd waarvoor deze kunnen worden gebruikt en de omstandigheden waaronder het verzamelen en analyseren ervan is toegestaan.
- **Transparantie:** Zorg ervoor dat het beleid en de praktijken met betrekking tot de toegang tot metadata transparant en toegankelijk zijn voor het publiek, zodat burgers kunnen begrijpen hoe en waarom hun gegevens op deze manier worden gebruikt.
- **Onafhankelijk toezicht:** Creëer onafhankelijke toezichtsmechanismen, zoals privacycommissies of gegevensbeschermingsagentschappen, belast met het monitoren en evalueren van de naleving van wetten en beleid met betrekking tot toegang tot metadata.
- **Gegevensminimalisatie:** Pas de beginselen van gegevensminimalisatie toe om het verzamelen en bewaren van metagegevens te beperken tot datgene wat strikt noodzakelijk is om legitieme doeleinden te vervullen die door de wet zijn vastgelegd.
- **Bescherming van de mensenrechten:** Zorg ervoor dat de toegang tot metagegevens de fundamentele mensenrechten eerbiedigt, zoals het recht

op privacy en de vrijheid van meningsuiting, en dat elke vorm van discriminatie of oneerlijke profilering wordt vermeden.
- **Verantwoording:** Identificeer effectieve verantwoordingsmechanismen om overheidsinstanties en functionarissen die verantwoordelijk zijn voor de toegang tot metagegevens aansprakelijk te stellen in het geval van misbruik of misbruik van deze informatie.

Het implementeren van deze maatregelen kan helpen een evenwicht te vinden tussen de legitieme behoefte aan toegang tot metadata en de bescherming van individuele rechten en de privacy van burgers. Uiteindelijk moet er een evenwicht worden gevonden tussen het beschermen van de openbare veiligheid en het respecteren van individuele rechten. Het is een gesprek waar we allemaal aan moeten deelnemen, omdat het rechtstreeks van invloed is op onze samenleving en ons dagelijks leven.

Boeken | films en series - 60 belangrijkste feiten

[Intelligentie, transparantie en verantwoordelijkheid]

BOEKEN:

1. ***"Inlichtingenfalen: het verval en de val van de CIA"*** – " Mislukking van Intelligentie : de achteruitgang en ondergang van de CIA" | Melvin A.Goodman, 2008

    De auteur pleit voor een delicaat evenwicht tussen nationale veiligheid en toezicht, terwijl hij het belang erkent van toezicht door het Congres om de verantwoordingsplicht van de CIA te waarborgen, en waarschuwt voor de risico's van buitensporig toezicht dat inlichtingenoperaties zou kunnen belemmeren. Daarom benadrukt het de noodzaak van effectieve communicatie en samenwerking tussen de CIA en de toezichtcomités om een dergelijk evenwicht te bewaren.

    Het boek pleit voor diepgaand onderzoek naar de rol van de CIA en de inlichtingengemeenschap in het algemeen, vooral in het licht van recente mislukkingen in verband met de ineenstorting van de Sovjet-Unie, de aanslagen van 11 september 2001 en de oorlog in Irak. Goodman stelt dat de CIA, ondanks haar grote budget, niet in staat is gebleken betrouwbare strategische waarschuwingen te geven en, erger nog, inlichtingeninformatie voor politieke doeleinden heeft gemanipuleerd. Het stelt voor dat hervorming van de inlichtingendienst alleen mogelijk zal zijn als de link tussen inlichtingen en politiek wordt begrepen en besproken, en pleit voor een inlichtingendienst die vrij is van politieke invloeden.

    In dit cruciale en actuele boek combineert de auteur op provocerende wijze de geschiedenis met hedendaagse politieke analyses en hervormingsvoorstellen die de conventionele percepties over het clandestien verzamelen van inlichtingen ter discussie stellen. Goodman betoogt op overtuigende wijze dat het gebrek aan diplomatieke betrekkingen heeft bijgedragen aan het onvermogen om effectieve inlichtingen te verzamelen, waarmee hij de dringende noodzaak benadrukt om het nationale inlichtingenbeheer te heroverwegen en te hervormen. Beschikbaar in het Engels via deze link: https://amzn.to/3PYbNig

2. **"Verantwoording en de wet"** – Transparantie en verantwoording versus geheimhouding in inlichtingen Operaties | Arianna Vedaschi , 2021

   Deze tekst bespreekt het Italiaanse inlichtingensysteem vanuit publiekrechtelijk perspectief en benadrukt de spanning tussen transparantie en verantwoordingsplicht bij deze operaties. Het boek duikt in de complexe zoektocht naar een evenwicht tussen de noodzaak van geheimhouding om redenen van nationale veiligheid en het belang van transparantie en publieke verantwoording.

   Door middel van gedetailleerde analyse worden historische gevallen onderzocht die de uitdagingen en implicaties van dit evenwicht in inlichtingenactiviteiten illustreren. De verschillende facetten van het debat worden zorgvuldig onderzocht, waarbij wordt bekeken hoe het beleid van transparantie en verantwoording naast de legitieme eisen van de nationale veiligheid en de bescherming van gevoelige informatie kan bestaan.

   Uiteindelijk biedt het werk waardevolle reflectie over hoe een passend evenwicht tussen deze principes kan worden gevonden in de context van inlichtingenoperaties, waarbij het belang wordt benadrukt van wetgeving en juridische mechanismen om ervoor te zorgen dat de macht van de inlichtingendienst onderworpen is aan democratische controles en publieke verantwoording. Het is geheel gratis te raadplegen en te downloaden via de volgende link: https://doi.org/10.4324/9781003168331

3. **"Inlichtingen- en verrassingsaanval: mislukking en succes van Pearl Harbor tot 11 september en daarna"** - Intelligentie en verrassing Aanval | Erik J.Dahl, 2013

   In "Intelligence and Surprise Attacks: Failure and Success from Pearl Harbor to 9/11 and Beyond" van Erik J. Dahl, gepubliceerd in 2013, betwist de auteur het conventionele idee van falende inlichtingendiensten bij verrassingsaanvallen. In tegenstelling tot de algemene opvatting dat aanvallen slagen omdat belangrijke waarschuwingen verloren gaan in het lawaai of door een gebrek aan verbeeldingskracht en samenwerking tussen inlichtingenfunctionarissen om de beschikbare informatie 'met elkaar te verbinden', stelt Dahl een ander perspectief voor.

   Het centrale argument van Dahl is dat succes niet gebaseerd is op een grotere verbeeldingskracht of analyse, maar op een verbetering van de verwerving van inlichtingen op tactisch niveau en van de bereidheid van leiders om te luisteren naar en te handelen naar de waarschuwingen van hun personeel. In plaats van zich te concentreren op het vermogen om 'de punten met elkaar te verbinden', benadrukt Dahl het belang van responsieve en proactieve leiders die bereid zijn weloverwogen beslissingen te nemen op basis van de ontvangen informatie.

Samenvattend biedt het boek een innovatief perspectief op de rol van inlichtingen bij het voorkomen van verrassingsaanvallen, waarbij het belang wordt onderstreept van effectieve inlichtingenverwerving en responsief leiderschap als cruciale elementen voor succes bij het detecteren en voorkomen van bedreigingen. De Engelse versie is beschikbaar op Amazon https://amzn.to/3THSxGP

4. **"De geheime code: de geschiedenis van codes en ontcijfering"** -De Codeboek : De Geheim Geschiedenis van codes en het breken van codes | Simon Singh, 1999

   Dit prachtige werk dompelt de lezer onder in de fascinerende zoektocht naar geheimen verborgen in codes, van Egyptische raadsels tot de geavanceerde computercoderingen van de moderne tijd.

   Singh presenteert een boeiend verhaal dat de evolutie van cryptografie door de geschiedenis heen bestrijkt, van de primitieve coderingssystemen die in de oudheid werden gebruikt tot de geavanceerde encryptiemethoden die in de digitale wereld van vandaag worden gebruikt. De auteur onderzoekt verschillende aspecten die verband houden met cryptografie, van de cruciale rol ervan in oorlog en diplomatie tot de wiskundige vooruitgang die de ontwikkeling van steeds complexere encryptiesystemen heeft aangestuurd.

   Daarnaast gaat het boek in op de ethische en juridische uitdagingen die zich in het digitale tijdperk voordoen met betrekking tot privacy en veiligheid, en biedt het een weloverwogen en inzichtelijk perspectief op deze hot-button kwesties. Met een interdisciplinaire aanpak die geschiedenis, wetenschap en technologie met elkaar verweeft, biedt "The Secret Code" een complete en boeiende visie op de opwindende wereld van geheime codes en cryptografie. Alleen in het Engels te koop op Amazon op https://amzn.to/3VCOsWP maar het kan ook volledig gratis in het Spaans worden geraadpleegd (alleen voor academische doeleinden) via de volgende link: De geheime codes - Simon Singh (librosmaravillosos.com)

5. **"Gods spion "** - die van God Spion | Juan Gómez-Jurado, 2022

   "Spy of God" van Juan Gómez-Jurado is een spannende thriller die ons onderdompelt in de geheimen van het Vaticaan en de Eeuwige Stad. Het plot speelt zich af in Rome na de dood van paus Johannes Paulus II en volgt inspecteur Paola Dicanti terwijl ze de moord op twee invloedrijke kardinalen onderzoekt en duistere geheimen en samenzweringen in de hogere regionen van de kerk onthult.

Midden in de voorbereidingen voor het pauselijke conclaaf wordt Dicanti geconfronteerd met een seriemoordenaar wiens misdaden worden gekenmerkt door een macaber ritueel en berichten die zijn gecodeerd met religieuze symbolen. Terwijl ze dieper in het onderzoek graaft, ontdekt ze het bestaan van een rehabilitatiecentrum voor priesters met een geschiedenis van seksueel misbruik, waarbij ze nog meer geheimen blootlegt die het geloof en de moraal op de proef stellen.

De roman biedt waardevolle lessen voor inlichtingendiensten en benadrukt het belang van transparantie, verantwoording en samenwerking tussen verschillende instanties om complexe uitdagingen het hoofd te bieden. In een wereld waar de waarheid even ongrijpbaar als dodelijk kan zijn, roept 'God's Spy' de behoefte aan sluwheid, samenwerking en voorzichtigheid op bij het zoeken naar de waarheid. Je kunt het op Amazon krijgen via deze link: https://amzn.to/3Ua0NRg

6. *"8 verdachten, één schuldige"* - 8 verdachten een dader | Actus Deouf , 2023

De boekencollectie "8 Suspects, One Guilty" biedt een spannende ervaring met Alex, een scherpzinnige detective die bereid is de meest intrigerende zaken op te lossen. Gedurende zes afzonderlijke onderzoeken worden lezers ondergedompeld in een reeks puzzels en uitdagingen, van het ontcijferen van geheime codes tot het analyseren van getuigenissen, allemaal met als doel de dader onder de verdachten te identificeren. Elke case bevat een verscheidenheid aan spellen en puzzels, zoals gecodeerde woorden, anagrammen en sudoku, die niet alleen vermaken, maar ook kritisch denken en probleemoplossing stimuleren.

Deze publicatie biedt niet alleen entertainment, maar stimuleert ook de ontwikkeling van belangrijke vaardigheden voor jonge lezers. Door de uitdagingen van elk onderzoek het hoofd te bieden, hebben ze de mogelijkheid om hun analytische vaardigheden, aandacht voor detail en probleemoplossende vaardigheden te verbeteren. Bovendien bevat het boek een begeleidende gids voor ouders in de proloog, die waardevol advies biedt om kinderen te ondersteunen tijdens hun detective-avontuur en het meeste uit elke zaak te halen.

Met zijn combinatie van mysterie, uitdaging en ontwikkeling van vaardigheden belooft "8 Suspects, One Guilty" een spannende en leerzame ervaring te bieden. Via dit boek kunnen lezers intrigerende avonturen beleven en tegelijkertijd waardevolle vaardigheden ontwikkelen die hen van pas zullen komen in hun dagelijks leven en persoonlijke ontwikkeling. Het is beschikbaar op Amazon Spaans en in het Engels, hier is de link naar de Spaanse versie https://amzn.to/3J9TDGj

FILMS:

1. **"Erin Brockovitsj "** | VS, 2000

[Verantwoordelijkheid]

De film 'Erin Brockovich ', met Julia Roberts in de hoofdrol, vertelt het waargebeurde verhaal van een alleenstaande moeder die een machtig energiebedrijf uitdaagt in een strijd voor gerechtigheid die culmineert in een historische schikking van $333 miljoen voor de getroffen slachtoffers. Hoewel het geen spionagefilm is, biedt het een interessante kijk op vasthoudendheid, diepgaand onderzoek, empathie met de getroffenen, het naleven van ethische waarden en sociale verantwoordelijkheid. Deze lessen kunnen door inlichtingendiensten worden toegepast in hun zoektocht naar waarheid en gerechtigheid, en laten zien hoe een vastberaden persoon een verschil kan maken en uitdagingen het hoofd kan bieden.

2. **"De levens van anderen"** – The Levens van Anderen | Duitsland, 2006

[Privacyschending]

Dit meermaals bekroonde drama, dat op de zesde plaats staat van de beste Duitse films aller tijden, met Ulrich Mühe en Sebastian Koch in de hoofdrol, biedt een ontroerend en doordacht perspectief op staatstoezicht, politieke onderdrukking en de transformerende kracht van kunst onder een totalitair regime. Het plot roept belangrijke ethische vragen op over privacy en de menselijke impact van spionage, en laat zien hoe wantrouwen persoonlijke en professionele relaties kan beïnvloeden. Bovendien lokt het reflecties uit over de beroepsethiek in het inlichtingenwerk en het menselijk vermogen tot verandering, waarbij het belang wordt benadrukt van een evenwicht tussen veiligheid en respect voor burgerrechten. Deze lessen zijn relevant zowel in de historische context van Oost-Duitsland als in het moderne veld van de inlichtingendiensten, waar de bescherming van de privacy en het respect voor individuele rechten cruciale kwesties zijn.

3. **"Churchill's spionnen"** - Een oproep naar Spion | VS, 2019

[Rekruteringsinnovatie]

Met de originele titel A Call naar Spy , is een drama gebaseerd op waargebeurde gebeurtenissen met Sarah Megan Thomas en Stana in de hoofdrol Katic en Radhika Apte en concentreert zich op de begindagen van de Tweede Wereldoorlog, wanneer Winston Churchill opdracht geeft tot de oprichting van een spionagebureau om vrouwelijke spionnen te rekruteren en op te leiden. De film benadrukt het belang van innovatie bij rekrutering, aanpassingsvermogen en creativiteit op het gebied van spionage, evenals de moed en opoffering van agenten. Daarnaast benadrukt het de gevolgen van geheime operaties en het belang van lokaal verzet en steun voor het succes van inlichtingenmissies. Hoewel de film critici kent, biedt hij een interessante kijk op het spionagegenre vanuit een andere hoek en belicht hij de moed en vastberadenheid van deze vrouwen in tijden van conflict.

4. **"Infiltrada"** - De Operatie | FRA, 2019

[Controle gerechtelijk]

Deze psychologische thriller, ook bekend als ' The Operative', is gebaseerd op de Hebreeuwse roman ' The English Teacher ' (המורה לאנגלית) geschreven door Yiftach Reicher- Atir , een voormalig inlichtingenofficier. Het verhaal volgt Rachel, een jonge vrouw die door de Mossad is gerekruteerd om Teheran te infiltreren, terwijl ze als undercoveragent met morele dilemma's en emotionele uitdagingen wordt geconfronteerd. Deze intrigerende thriller verkent thema's als identiteit, verraad en loyaliteit in de wereld van de internationale spionage en biedt constante spanning en onverwachte wendingen. Bovendien laat het zien hoe persoonlijke relaties undercoveroperaties kunnen bemoeilijken en hoe belangrijk gerechtelijk toezicht is om ervoor te zorgen dat de acties van agenten binnen de wettelijke grenzen blijven.

5. **" Spion : een spion zonder idee"** – Spion | spion | VS, 2015

[Teamhumor en moreel]

' Spy ', met in de hoofdrollen Melissa McCarthy en Jason Statham, is een actiekomedie over Susan Cooper, een CIA-analist die zich vrijwillig aanmeldt voor een geheime missie. Hoewel ze aanvankelijk ondergewaardeerd wordt, demonstreert Susan haar intelligentie en moed terwijl ze het opneemt tegen vijanden en zich onderdompelt in de wereld van spionage. De film roept op om geen enkele agent te onderschatten, benadrukt het belang van aanpassingsvermogen en voortdurende training, het gebruik van technologie bij spionage, teamwerk en communicatie, evenals de rol van humor bij het verbeteren van de teamefficiëntie.

SERIE:

1. **"Oog in de lucht"** (HKG, 2015)

[20 afleveringen | 1 seizoen]

" Oog in de Sky " is een televisieserie uit Hong Kong die zich richt op de activiteiten van het Department of National Intelligence en kwesties behandelt die verband houden met staatstoezicht, transparantie en verantwoording op het gebied van de inlichtingendiensten. Gedurende het hele complot, waarin een groep inlichtingenagenten geheime missies uitvoert en geconfronteerd worden met verschillende bedreigingen om de nationale veiligheid te beschermen, worden de ethische en morele complexiteiten van staatstoezicht onderzocht, waarbij de kijker wordt uitgenodigd om na te denken over de manier waarop dit democratische samenlevingen beïnvloedt, en het gebrek aan transparantie en verantwoordelijkheid bij inlichtingenactiviteiten. Als dit onderwerpen zijn die voor u van belang zijn. je zult ervan genieten, hij is binnen . Curiositystream en andere platforms.

Aan de andere kant is de film ' Eye in the Sky ", geregisseerd door Gavin Hood en uitgebracht in 2015, is een Brits-Amerikaanse spannende thriller die zich richt op een geheime operatie om terroristen in Kenia te vangen. Hoewel beide werken de titel delen " Eye in the Sky " en gaan over inlichtingen- en veiligheidskwesties, verschillen qua focus, plot en context. De tv-serie richt zich op spionage- en inlichtingenoperaties in Hong Kong, terwijl de film zich richt op een internationale terrorismebestrijdingsoperatie in Afrika. Beschikbaar op Apple TV.

2. **"Rubicon"** (VS, 2010)

[13 afleveringen | 1 Seizoen]

" Rubicon " is een serie geïnspireerd op de politieke thrillers van de jaren zeventig en speelt zich af in een in New York gevestigde inlichtingendienst van de overheid, waar niets is wat het lijkt. Will Travers, een briljante man met aanleg voor patroonherkenning, is de leider van een team van analisten bij American Policy Institute in New York City, wordt geconfronteerd met tragedie en ontdekt verborgen aanwijzingen in communicatie die kunnen leiden tot een complexe en sinistere samenzwering met verwoestende gevolgen voor de nationale veiligheid.

De serie behandelt onderwerpen als staatstoezicht, transparantie en verantwoordingsplicht op het gebied van de inlichtingendiensten, terwijl de ethische en morele complexiteit van de wereld van inlichtingen en spionage wordt onderzocht. Afhankelijk van uw regio kunt u deze onder andere verkrijgen op AMC+, Prime Video en Sling TV, Apple TV of Google Play Store.

3. **"Condor"** (VS, 2018)

[20 afleveringen | 2 seizoenen]

"Condor" is gebaseerd op de roman "Six Days of the Condor" van James Grady en geïnspireerd op de film " Three dagen van the Condor" uit 1975. Het plot volgt Joe Turner, een jonge CIA-analist die betrokken raakt bij een enorme samenzwering nadat zijn team is vermoord. Terwijl hij de waarheid probeert te achterhalen, raakt hij verstrikt in een gevaarlijk web van intriges, bedrog en verraad, waarbij topoverheidsfunctionarissen en machtige bedrijven betrokken zijn. Ontdekt dat de CIA een algoritme heeft gebruikt dat hij heeft ontwikkeld om Amerikaanse burgers te bespioneren.

Joe Turners strijd voor waarheid en gerechtigheid doet twijfels rijzen over de moraliteit van geheime operaties en de noodzaak van transparantie in de regering. De serie laat zien hoe inlichtingendiensten in de schaduw kunnen opereren en activiteiten kunnen uitvoeren die de democratische principes in twijfel trekken. Hoewel geïnspireerd door een klassieke film, biedt het een hedendaags perspectief op inlichtingen en de strijd om de nationale veiligheid en individuele rechten in evenwicht te brengen. Je kunt het zien op Prime Video, MGM Plus en andere platforms, afhankelijk van je regio.

4. **"Alex Rider "** (VK, 2020)

[24 afleveringen | 3 seizoenen]

"Alex Rider " is gebaseerd op de gelijknamige populaire boekenreeks, geschreven door Anthony Horowitz. Het verhaal volgt Alex, een weestiener die onverwachts betrokken raakt in de wereld van spionage nadat hij ontdekt heeft dat zijn enige oom, blijkbaar omgekomen bij een ongeval, een MI6-spion was. De organisatie rekruteert Alex om undercovermissies uit te voeren terwijl hij de mysterieuze dood van zijn oom onderzoekt en te maken krijgt met verschillende bedreigingen en samenzweringen.

Hoewel de serie zich richt op actie en spionage, verkent deze ook diepere thema's, zoals staatstoezicht, transparantie en verantwoording op het gebied van inlichtingen. Terwijl Alex zijn rol als spion op zich neemt, wordt hij geconfronteerd met ethische dilemma's en stelt hij de legitimiteit van geheime operaties en het gebrek aan verantwoordelijkheid in vraag. In gevaarlijke situaties moet Alex moeilijke beslissingen nemen die zowel het algemeen welzijn als zijn persoonlijke plicht beïnvloeden. Je kunt ervan genieten op Prime Video, Movistar Plus en andere streamingplatforms.

5. **" Helemaal Spionnen !"** - KC speciaal agent (FRA-CAN, 2001)

[156 afleveringen | 6 seizoenen]

" Helemaal Spies !" is een Frans-Canadese animatieserie met drie tienermeisjes: Sam, Clover en Alex, die zijn opgeleid als undercoveragenten voor een internationale spionageorganisatie. Ze leiden een ogenschijnlijk normaal leven als middelbare scholieren, maar zijn altijd bereid om Confronteer schurken en stop bedreigingen die de mondiale veiligheid in gevaar brengen.

De serie is vooral gericht op een jeugdig publiek en combineert elementen van komedie, actie en avontuur. Elke aflevering presenteert nieuwe missies en uitdagingen voor de hoofdrolspelers. Maak je klaar om te genieten van de spannende avonturen van deze tienerspionnen! Beschikbaar op Prime Video en andere betaalde streamingplatforms, en op Serieslan.com kun je het gratis bekijken in het Latijns-Spaans.

Op het complexe terrein van de inlichtingendiensten, waar staatsveiligheidsdiensten over aanzienlijke macht beschikken om zowel nationale als internationale aangelegenheden te beïnvloeden, worden transparantie en verantwoordingsplicht fundamentele vereisten. Deze beginselen zijn essentieel voor het handhaven van een evenwicht tussen nationale veiligheid en respect voor individuele rechten in een democratische samenleving.

Werken met transparantie betekent het communiceren van methoden en operaties binnen grenzen die de nationale veiligheid niet in gevaar brengen. Bovendien is het van cruciaal belang dat instanties hun daden rechtvaardigen en de verantwoordelijkheid nemen voor eventuele gevolgen die daaruit voortvloeien.

Het monitoren van elektronische communicatie speelt een cruciale rol bij het beschermen van de nationale veiligheid en het welzijn van burgers, ondanks de privacyproblemen die dit met zich mee kan brengen. Van het voorkomen van bedreigingen tot internationale samenwerking: deze praktijk is waardevol geweest in de strijd tegen terrorisme en georganiseerde misdaad.

Wat de toegang tot metadata betreft, brengt dit ethische en privacy-uitdagingen met zich mee, maar biedt het ook kansen om de openbare veiligheid te beschermen. Het is echter essentieel om adequate controles uit te voeren om het proportionele en transparante gebruik ervan te garanderen en zo de individuele rechten van burgers te beschermen.

Het gesprek over transparantie, verantwoording en toegang tot data is cruciaal en moet iedereen betrekken. Het is essentieel om over deze kwesties te blijven nadenken en een evenwicht te zoeken dat zowel de nationale veiligheid als de individuele rechten van burgers beschermt.

Bedenk dat je dieper op deze onderwerpen kunt ingaan door de films en series te bekijken die ik in dit hoofdstuk heb geplaatst. Als u na het bekijken ervan uw mening wilt delen of dit onderwerp verder wilt bespreken, hoor ik dat graag van u. Uw meningen en reflecties zijn waardevol en kunnen dit gesprek over een veiligere en ethischere digitale toekomst verrijken.

Laat me weten, wat vindt u van de toegang van de staat tot metadata zonder aanvullende rechterlijke toestemming? Vindt u dit een noodzakelijke maatregel om de openbare veiligheid te garanderen of beschouwt u het als een ongerechtvaardigde inbreuk op de privacy van mensen? Dat kun je doen in de recensie van dit boek op Amazon, op mijn website www.mujersegura.com of door mij een bericht te sturen op de belangrijkste sociale netwerken met de gebruiker @mujerseguro. Ik ben benieuwd naar uw standpunt!

HOOFDSTUK 6: INTELLIGENTIE IS IN DE MODE

In het informatietijdperk is data-analysetalent een van de meest gewilde vaardigheden geworden. Dit hoofdstuk is opgedragen aan degenen die in cijfers iets meer zien dan cijfers, verhalen, voorspellingen en oplossingen.

Kansen voor mensen met talent in data-analyse

De wereld van vandaag zit vol met gegevens die wachten om geïnterpreteerd te worden. Organisaties zijn onvermoeibaar op zoek naar professionals die deze gegevens kunnen omzetten in intelligente strategieën en beslissingen. Als je de taal van data kunt ontcijferen, staan er talloze deuren voor je open.

Geef uw carrière een boost met online trainingsbronnen, onderwijs was nog nooit zo toegankelijk als nu. Met een overvloed aan online trainingsbronnen kunt u uw carrière overal ter wereld een boost geven.

In dit hoofdstuk begeleid ik u door de beste platforms en hulpmiddelen waarmee u uw analytische en technologische vaardigheden kunt aanscherpen.

Ontgrendel uw toekomst met beurzen en faciliteiten, onderwijs is een investering in uw toekomst, en beurzen en financiële faciliteiten kunnen de springplank zijn die u nodig heeft. We zullen onderzoeken hoe u van deze kansen kunt profiteren om uw opleiding vooruit te helpen zonder financiële obstakels die uw potentieel beperken.

Het maakt niet uit of je een politieagent, burger, militair, geslacht, leeftijd, afkomst, taal, religie of welk ander kenmerk dan ook bent, deze carrière heeft een universum van kansen en mogelijkheden. Ben je klaar om jezelf onder te dompelen in deze fascinerende reis naar leren en persoonlijke groei? Ga met mij mee terwijl we de oneindige mogelijkheden verkennen die het digitale universum u te bieden heeft. Het is tijd om de geheimagent van je eigen lot te worden en je volledige potentieel te ontketenen op het spannende gebied van technologie en data.

Op de volgende pagina's heb ik al uw aandacht nodig. Maak u klaar om uw toekomst te ontsluiten en uw potentieel te benutten met data en technologie. Dit hoofdstuk is meer dan alleen maar lezen; is een kaart voor uw succes op het dynamische gebied van data-analyse. Begin vandaag nog met uw reis!

Ontwikkel uw talent: kansen in data-analyse
Ontdek hoe u uw vaardigheden op het gebied van data-analyse van sociale media kunt ontwikkelen om de beschikbare vacatures optimaal te benutten. Van het identificeren van opkomende trends tot het begrijpen van gebruikersgedrag: data-analyse van sociale media is een essentiële vaardigheid in de hedendaagse arbeidswereld.

Online cursussen: Ontdek verschillende trainingsopties voor data-analyse van sociale media via platforms zoals Coursera, Udemy en LinkedIn Learning . Sommige cursussen aanbevolen erbij betrekken :

- Sociale media-analyse: gegevens gebruiken om openbare gesprekken te begrijpen (Coursera)
- Toegepaste sociale netwerkanalyse in Python (Coursera)
- Datawetenschap voor sociale wetenschappers (Coursera)
- Specialisatie sociale mediamarketing (Coursera)
- Sociale-mediagegevens ontginnen in R (DataCamp)
- Socialemediastrategie voor kleine bedrijven (LinkedIn Learning)
- Inleiding tot onderzoek naar sociale media: een praktische aanpak (Udemy)
- Sociale media-analyse: praktisch (Udemy)
- Geavanceerde socialemediastrategie voor public relations (Udemy)
- Intelligentieanalyse in het tijdperk van big data (edX)

Deze cursussen bieden een verscheidenheid aan benaderingen, van basisprincipes tot geavanceerde technieken, voor data-analyse van sociale media en open source intelligence.

Volg deze stappen om toegang te krijgen tot online cursussen:
1. **Selecteer een platform:** Kies uit populaire platforms zoals Coursera, Udemy, LinkedIn Learning , edX en DataCamp .
2. **Vind de cursus:** Gebruik de zoekfunctie om de cursus te vinden die u interesseert, op titel, onderwerp of gerelateerde trefwoorden.
3. **Controleer de beschrijving:** zorg ervoor dat de cursus aan uw verwachtingen voldoet door details zoals inhoud, duur en vereisten te bekijken.
4. **Beschikbaarheid controleren:** Bevestig dat de cursus beschikbaar is in uw taal en regio.
5. **Aanmelden:** Volg de instructies om u aan te melden en maak indien nodig een account aan.

Wat de kosten betreft, deze kunnen variëren afhankelijk van het platform, de duur en kwaliteit van de inhoud, evenals de reputatie van de instructeur. Sommige platforms bieden gratis cursussen aan, terwijl voor andere een eenmalige betaling of een maandelijks abonnement vereist is. Controleer de prijsgegevens op elke cursuspagina en houd kortingen of promoties in de gaten.

Gespecialiseerde certificeringen: Ontdek gespecialiseerde certificeringen op het gebied van data-analyse van sociale media en open source intelligence , die kunnen worden aangeboden door verschillende academische instellingen of trainingsorganisaties, zoals:

- Certificering in sociale data-analyse (SDA)
- Certificaat in Open Source Intelligence (OSINT)
- Certificering in analyse van sociale netwerkgegevens (SNDA)
- Certificaat in digitaal onderzoek en sociale netwerkanalyse

- Gecertificeerde Social Media Intelligence Professional (CSMIP)

Om certificeringen aan te vragen die gespecialiseerd zijn in data-analyse van sociale media en open source intelligence, moet u over het algemeen deze stappen volgen:

1. **Onderzoek** : Onderzoek de verschillende certificeringen die beschikbaar zijn in data-analyse van sociale media en open source intelligence. Zoek naar erkende en goed beoordeelde programma's in het veld.
2. **Toelatingseisen** : Lees aandachtig de toelatingseisen van elke certificering. Hierbij kunt u denken aan criteria als opleidingsniveau, eerdere werkervaring, specifieke vaardigheden en voorkennis over het onderwerp.
3. **Voorbereiding** : Bereid je voor om aan de toelatingseisen te voldoen. Verwerf indien nodig de benodigde vaardigheden en kennis via online cursussen, tutorials, boeken of relevante werkervaring.
4. **Registratie** : Zodra u klaar bent, gaat u verder met registreren voor certificering. Hierbij kan het gaan om het invullen van een online aanvraagformulier, het verstrekken van relevante documentatie en het betalen van registratiekosten.
5. **Examen of beoordeling** : Voor sommige certificeringen moet u mogelijk slagen voor een examen of deelnemen aan een beoordeling om uw vaardigheden en kennis in het veld aan te tonen. Bereid je goed voor op deze tests.
6. **Blijf op de hoogte** : zodra u gecertificeerd bent, is het belangrijk om op de hoogte te blijven van de nieuwste trends en ontwikkelingen in het vakgebied. Neem deel aan voortdurende professionele ontwikkelingsactiviteiten en blijf nieuwe vaardigheden leren.
7. **Praktische toepassing** : gebruik uw nieuwe vaardigheden en kennis op het gebied van data-analyse van sociale media en open source-intelligentie in uw werk of persoonlijke projecten. Dit zal u helpen om te consolideren wat u hebt geleerd en de waarde van uw certificering in reële situaties aan te tonen.

Houd er rekening mee dat elke certificering zijn eigen specifieke procedures en vereisten kan hebben. Het is dus belangrijk om de instructies op te volgen die worden verstrekt door de entiteit die de certificering verleent.

Graduate-programma's: Universiteiten over de hele wereld bieden graduate-programma's aan op het gebied van data-analyse, data science, kunstmatige intelligentie en aanverwante gebieden. Enkele voorbeelden zijn:
- **Master in Data Science** - Universiteit van Buenos Aires (Argentinië)
- Master in Data Science and Information Engineering - Universiteit van Chili (Chili)
- **Master in Data Science** - Universiteit van Barcelona (Spanje)
- **Master in kunstmatige intelligentie** - Universitat Polytechnische Universiteit van Catalonië (Spanje)
- Master in data-analyse voor wetenschap en bedrijfsleven - Autonome Universiteit van Madrid (Spanje)

- **Master in datawetenschap en big data** - Carlos III Universiteit van Madrid (Spanje)
- **Master in Data Science en Business Analytics** - Polytechnische Universiteit van Valencia (Spanje)
- **Master in kunstmatige intelligentie en diep leren** - Université Pierre et Marie Curie (Spanje)
- **Master in data-analyse en big data** - Universiteit van Salamanca (Spanje)
- **Master in machinaal leren en datawetenschap -** Universitat Pompeu Fabra (Spanje)
- **Master in kunstmatige intelligentie en intelligente systemen** - Polytechnische Universiteit van Madrid (Spanje)
- **Master in datawetenschappen en kunstmatige intelligentie** - Universiteit Middelbare school Dublin (Verenigde Staten)
- **Master in datawetenschap en analyse Zakelijk** - Carnegie Mellon University (Verenigde Staten)
- **Master in toegepaste datawetenschap** - Universiteit van Michigan (Verenigde Staten)
- **Master in kunstmatige intelligentie en intelligente systemen** - Université Pierre et Marie Curie (Frankrijk)
- **Master in datawetenschap en machinaal leren** - Imperial College London (Verenigd Koninkrijk)

Houd er rekening mee dat deze lijst slechts een voorbeeld is van de vele programma's die over de hele wereld beschikbaar zijn en dat elk programma specifieke toelatingseisen, curriculaire aandachtspunten en programmaduur kan hebben. Ik raad u aan om gedetailleerd onderzoek te doen naar de onderwerpen die u interesseren, om degene te vinden die het beste bij uw behoeften en professionele doelstellingen past. Zorg ervoor dat je aan de vereisten voldoet en stel een sterke aanvraag op waarin je prestaties en bijdragen op het vakgebied worden benadrukt. Succes in dit avontuur!

Universitair diploma beschikbaar in de Dominicaanse Republiek:
Het onderwijslandschap in de Dominicaanse Republiek biedt een breed scala aan bachelor- en masterprogramma's op gebieden als informatietechnologie, cyberbeveiliging, defensie en nationale veiligheid, evenals datawetenschap. Onder deze programma's vallen opties op, zoals de Master's Degree in Information and Communication Technology Management aangeboden door de Pontificia Universidad Católica Madre y Maestra (PUCMM), die, hoewel deze zich niet uitsluitend richt op de analyse van gegevens in sociale netwerken, problemen aanpakt relevant voor het beheer van informatie- en communicatietechnologie, inclusief computerbeveiliging.

Op dezelfde manier biedt de Master in Data Science aan de Universidad Iberoamericana (UNIBE) een diverse benadering in data science, waaronder mogelijk data-analyse van sociale media, afhankelijk van specifieke cursussen en benaderingen. Aan de andere kant richt de Master's Degree in Information Security aan de Autonome Universiteit van Santo Domingo (UASD) zich op cruciale

aspecten van informatiebeveiliging, zoals gegevensbescherming en open source intelligence op het gebied van cybersecurity.
Daarnaast bieden instellingen zoals onder meer de University of the Caribbean (UNICARIBE), het Technological Institute of Santo Domingo (INTEC) en de National University for Defense (UNADE) ook relevante bachelor- en masterprogramma's aan op gebieden als cybersecurity. , analyse van data- en informatietechnologie, die diverse opties biedt voor diegenen die geïnteresseerd zijn in deze opkomende gebieden.

Ik stel voor dat je de specifieke details van elk programma bekijkt, zoals toelatingseisen, pedagogische benaderingen, deadlines voor aanmelding en de bijbehorende kosten. U kunt dit doen door de websites van de genoemde instellingen te bezoeken of door rechtstreeks contact met hen op te nemen. Het is belangrijk om de toelatingseisen zorgvuldig te beoordelen en de benodigde documenten op te stellen, zoals academische transcripties en aanbevelingsbrieven, zoals gevraagd door elke universiteit.

Houd er rekening mee dat deze voorbeelden slechts een voorbeeld zijn van de beschikbare programma's. Het onderwijsveld op deze gebieden verandert voortdurend, met de opening van nieuwe programma's. Ik moedig je aan om regelmatig de portalen van deze universiteiten en andere onderwijsinstellingen te verkennen om op de hoogte te blijven van nieuwe mogelijkheden.

Geef uw carrière een boost met online trainingsbronnen

Het bijwonen van seminars, workshops en conferenties gespecialiseerd in data-analyse van sociale media is een geweldige manier om kennis en vaardigheden op te doen in dit voortdurend evoluerende vakgebied. Deze evenementen worden georganiseerd door een verscheidenheid aan academische instellingen, technologiebedrijven en professionele organisaties en bieden waardevolle mogelijkheden om meer te weten te komen over de nieuwste trends, onderzoek en praktische toepassingen.

Academische instellingen: Universiteiten en onderzoekscentra organiseren vaak seminars en workshops als onderdeel van hun academische programma's of gespecialiseerde evenementen. Deze evenementen zijn bedoeld voor zowel studenten als professionals die geïnteresseerd zijn in data-analyse op sociale netwerken.

1. **Seminar "Huidige trends in data-analyse in sociale netwerken"** - Stanford University: Ontdek de nieuwste trends in data-analyse in sociale netwerken, met onderwerpen als analysetechnieken en opkomende tools.

2. **Workshop "Praktische toepassingen van open source intelligence in de nationale veiligheid"** - International Cyber Security Institute (IISC): Geeft praktische voorbeelden van het gebruik van open source intelligence in de nationale veiligheid.

3. **Seminar "Ethiek in de analyse van sociale en open source-gegevens"** - Harvard University Center for Digital Ethics: onderzoekt de ethische dilemma's die gepaard gaan met het verzamelen en gebruiken van gegevens op sociale netwerken en open bronnen.

4. **Workshop "Geavanceerde tools voor sociale netwerkanalyse"** - Association of Social Data Analysts (SADA): Presenteert geavanceerde tools en technieken voor sociale netwerkanalyse, met de nadruk op praktische toepassingen.

5. **Seminar "Uitdagingen en kansen in open source-inlichtingen voor strafrechtelijk onderzoek"** - Nationaal Crimineel Inlichtingencentrum (CENIC): Analyseert de specifieke uitdagingen en kansen met betrekking tot open source-inlichtingen in de context van strafrechtelijk onderzoek.

6. **Seminar "Data-analyseworkshop over sociale netwerken"** - Autonome Universiteit van Santo Domingo (UASD): Toont specifieke data-analysetechnieken voor sociale netwerken, waaronder het verzamelen, opschonen, analyseren en visualiseren van gegevens.

7. **Seminar "Geavanceerde tools voor data-extractie en analyse in sociale netwerken"** - International Association of Intelligence Analysts (IAA): Ontdek geavanceerde tools en technieken voor data-analyse in sociale netwerken.

8. **Workshop "Praktische toepassingen van Python en R bij data-analyse in sociale netwerken"** - DataCamp : biedt praktische voorbeelden van het gebruik van Python en R voor data-analyse in sociale netwerken.

9. **Seminar "Inleiding tot tekstmining en sentimentanalyse in sociale netwerken"** - Columbia University: biedt een inleiding tot technieken voor tekstmining en sentimentanalyse die worden toegepast op gegevens in sociale netwerken.

10. **Workshop "Het gebruik van datavisualisatietools in sociale netwerken om patronen te identificeren"** - LinkedIn Learning : leert hoe u datavisualisatietools kunt gebruiken om patronen en trends in sociale netwerkgegevens te identificeren.

11. **Seminar "Toepassingen van machine learning bij data-analyse in sociale netwerken"** - Massachusetts Institute of Technology (MIT): Ontdek verschillende toepassingen van *machine learning* bij de analyse van gegevens in sociale netwerken, van classificatie tot het genereren van aanbevelingen.

Gespecialiseerde conferenties en evenementen: Naast seminars en workshops worden er over de hele wereld regelmatig verschillende gespecialiseerde data-analyse- en sociale-mediaconferenties en -evenementen gehouden. Deze evenementen trekken een breed scala aan professionals en academici aan en bieden mogelijkheden om meer te weten te komen over de nieuwste trends, onderzoeken en praktische toepassingen in het veld.

1. **Strata Data Conference :** deze conferentie, georganiseerd door O'Reilly Media, richt zich op *big data* , *machine learning* en data-analyse. Inclusief sessies over data-analyse op sociale netwerken en andere open bronnen.

2. **IEEE Internationale Conferentie on Data Mining (ICDM):** Dit evenement is een van de toonaangevende academische conferenties op het gebied van datamining. Bevat onderwerpen die verband houden met data-analyse in sociale netwerken en open bronnen.

3. **ACM SIGKDD- conferentie op Knowledge Discovery and Data Mining (KDD):** Deze conferentie staat bekend als KDD en is een van de belangrijkste op het gebied van datawetenschap en kennisontdekking. Presenteert onderzoek naar data-analyse op sociale netwerken en andere open bronnen.

4. **Internationale AAAI- conferentie on Web and Social Media (ICWSM):** Deze conferentie richt zich op onderzoek naar online sociale netwerken en webplatforms. Inclusief sessies over data-analyse in sociale netwerken en text mining.

5. **Open bron Intelligence Summit:** Dit evenement, georganiseerd door het International Cyber Security Institute (IISC), richt zich op open source intelligence en cyberbeveiliging. Presenteert casestudies en geavanceerde data-analysetechnieken.

6. **Internationale conferentie on Social Media & Society (SMSociety):** Deze conferentie brengt onderzoekers en professionals samen die geïnteresseerd zijn in de sociale impact van sociale media. Inclusief sessies over data-analyse in sociale netwerken en onderzoeksethiek.

7. **Mondiale onderzoeksjournalistiek Conferentie :** Hoewel dit evenement niet uitsluitend gericht is op data-analyse, brengt het onderzoeksjournalisten van over de hele wereld samen en omvat het vaak sessies over het gebruik van open data in onderzoeksjournalistiek.

Dit zijn slechts enkele voorbeelden van conferenties en evenementen gespecialiseerd in data-analyse en open source intelligence die regelmatig over de hele wereld plaatsvinden. Elk van deze evenementen biedt unieke kansen om meer te weten te komen over de nieuwste trends, kennis te delen en professionele netwerken op te zetten in het veld. Ik zou aanraden om meer onderzoek te doen naar elk evenement om te bepalen welk evenement het beste bij jouw specifieke interesses en behoeften past.

Interne opleiding: Veel organisaties en bedrijven bieden interne trainingsprogramma's in data-analyse van sociale media aan voor hun werknemers. Deze programma's kunnen trainingssessies, mentoring en praktijkgerichte leermogelijkheden voor echte projecten omvatten.

Welke optie u ook kiest, het is belangrijk om te zoeken naar trainingsprogramma's die op de hoogte zijn van de nieuwste trends en technologieën op het gebied van data-analyse van sociale media, en die u de vaardigheden en kennis bieden die nodig zijn om te slagen in dit steeds evoluerende vakgebied. .

Interne trainingsprogramma's die uw professionele profiel versterken

1. **Gegevensanalyse:** deze behandelen meestal onderwerpen als gegevensverzameling, opschoning, analyse en visualisatie. Ze kunnen cursussen omvatten over statistiek, datamining, machinaal leren en specifieke tools voor gegevensanalyse.

2. **Cyberbeveiliging:** Ze hebben betrekking op aspecten als de bescherming van computersystemen, detectie van bedreigingen, beheer van beveiligingsincidenten en informatiebeveiliging. Ze kunnen ook training in ethische hacktechnieken en de preventie van cyberaanvallen omvatten.

3. **Open Source Intelligence (OSINT):** Ze richten zich op het verzamelen en analyseren van informatie uit open bronnen, zoals sociale netwerken, openbare websites en online databases. Cursussen kunnen geavanceerde zoektechnieken, analyse van sociale netwerken en beoordeling van de geloofwaardigheid van bronnen omvatten.

4. **Nationale veiligheid en defensie:** ze zijn bedoeld voor civiele, militaire en politieprofessionals die werken of willen werken op gebieden die verband houden met de nationale veiligheid en defensie. Ze kunnen betrekking hebben op onderwerpen als strategische inlichtingen, cyberbeveiliging, contraspionage en crisisbeheer.

5. **Datamanagement:** Ze richten zich op het effectief beheren van gegevens binnen een organisatie. Ze omvatten onderwerpen als databases, datawarehousing, data governance en naleving van de regelgeving.

6. **Voorspellende analyses:** leer hoe u historische gegevens kunt gebruiken om toekomstige trends te voorspellen en weloverwogen beslissingen te nemen. Ze omvatten voorspellende modelleringstechnieken, tijdreeksanalyse en optimalisatie.

Interne trainingsprogramma's op het gebied van data-analyse, cyberbeveiliging, open source intelligence en aanverwante gebieden zijn van cruciaal belang om het personeel up-to-date te houden en hun vaardigheden te verbeteren op steeds kritischere gebieden in de huidige omgeving. Deze programma's worden doorgaans aangeboden door overheden, inlichtingendiensten, overheidsorganisaties, particuliere bedrijven en universiteiten. Ze kunnen variëren in lengte en formaat, van korte cursussen en workshops tot certificaat- en graduate-programma's.

Als u deel uitmaakt van een van deze entiteiten, heeft u een goede kans om in aanmerking te komen. Onderzoek samen met uw collega's en verwante mensen. Profiteer van alle kansen!

Ontgrendel uw toekomst met beurzen en faciliteiten

In een steeds meer gedigitaliseerde en verbonden omgeving spelen inlichtingendiensten een cruciale rol in de bescherming en veiligheid van landen. In deze context wordt toegang tot technologie en veiligheidstrainingen van onschatbare waarde voor degenen die ernaar streven een bijdrage te leveren op het gebied van inlichtingen en nationale veiligheid. Ontdek hoe deze technologie- en veiligheidsbeurzen deuren voor u kunnen openen in een voortdurend evoluerend veld, en hoe u deze kansen optimaal kunt benutten om uw carrière vooruit te helpen en bij te dragen aan de wereld van de inlichtingendiensten.

Beurzen en mogelijkheden per land: Overheden in veel landen bieden beurzen en financieringsprogramma's aan voor studies op gebieden waar veel vraag naar is, zoals informatietechnologie en cyberbeveiliging. Bezoek de websites van de ministeries van onderwijs of relevante overheidsinstanties in uw land voor informatie over beschikbare beurzen. Als voorbeeld volgen hier enkele:
Australië: Australia Awards Scholarship Program .
Brazilië: Ciência sem Fronteiras-programma.
Canada : Opkomende leiders in het Amerika-programma (ELAP).
China: Internationaal studentenbeurzenprogramma van de Chinese overheid (CSC) en het ministerie van Onderwijs (MOE).
Spanje: Carolina Foundation en MAEC-AECID Scholarship Program.
VS: Fulbright Programma en International Student Scholarship Program (ISB).
India: University Grants Council of India (UGC).
Israël: Israëlische overheidsbeurs en MASHAV-beurs.
Japan: Scholarship Program van de Japanse overheid (Monbukagakusho).

Beurzen in de Dominicaanse Republiek:
Ministerie van Hoger Onderwijs, Wetenschap en Technologie (MESCYT): Beheert en kent nationale en internationale beurzen toe voor bachelor- en masterprogramma's op verschillende gebieden en modaliteiten, waaronder informatietechnologie en cyberbeveiliging. Bezoek de officiële MESCYT-website voor actuele informatie over beschikbare beurzen. Elk jaar kunnen duizenden mensen zich online aanmelden en profiteren van het volgen van het academische programma van hun dromen. En kom je van de UASD, zoals bij mij het geval was, dan is de financiële tegemoetkoming voor alimentatie in het buitenland hoger. Ze hebben ook speciale beurzen voor vrouwen en andere belangengroepen. Ontdek het. Profiteer van alle voordelen!

Beurzen en kansen per organisatie: Het is gebruikelijk dat internationale organisaties beursprogramma's en trainingsmogelijkheden promoten op gebieden die verband houden met cyberveiligheid, telecommunicatie en inlichtingen, omdat ze veel instanties hebben die deze kwesties aanpakken en vaak geschoold personeel op die gebieden nodig hebben. Het is tijd om te verkennen! Hier zijn enkele voorbeelden:

Organisatie van Amerikaanse Staten (OAS): Bevordert postdoctorale beurzen en trainingen op het gebied van informatietechnologie en cyberbeveiliging, telecommunicatie, inlichtingen en gendergelijkheid in technologie, waaronder de "OAS Intelligence" die opvalt. Studies Studiebeurs Programma ", samen met de "OAS Telecommunicatie Beurzen ", de "OAS Cyberwomen Studiebeurs Programma " en de "OAS Cybersecurity Professional Development Beurzen "die gespecialiseerde trainingen, workshops en conferenties sponsoren bij onderwijsinstellingen die geassocieerd zijn met de OAS.

Organisatie van de Verenigde Naties (VN): Via de " *Verenigde Naties Beurzen Programma* " heeft beurzen beschikbaar van kortetermijncursussen tot gespecialiseerde opleidingen, naast de beurzen die worden aangeboden door de gespecialiseerde agentschappen en andere emblematische programma's, zoals de " *ITU Scholarship Programma* " , het " *UN Cybersecurity Training Program* ", het "UN Cyberwoman " en het " *UN Intelligence and Security Training Program* ".

Europese Unie: Programma's zoals " *Erasmus Mundus* ", " *Marie Skłodowska - Curie Actions (MSCA)*", "EU Cybersecurity Het programma "EU Women4Cyber *Initiative* " heeft de EU in staat gesteld beurzen, projecten en activiteiten te financieren die verband houden met onderzoek naar verbeteringen op het gebied van cyberveiligheid, telecommunicatie en inlichtingen.

Particuliere organisaties en stichtingen: Naast overheden ligt er een enorme wereld aan mogelijkheden te wachten om ontdekt te worden in particuliere organisaties, bedrijven en stichtingen die zich inzetten voor onderwijsontwikkeling. Van beurzen tot financiering op uiteenlopende gebieden als technologie, cyberbeveiliging, STEM en meer: er is een reeks mogelijkheden die u zullen verrassen.

Carlos Slim Foundation: Deze stichting is een baken van steun voor studenten en professionals en biedt beurzen en programma's aan die zijn ontworpen om talent te stimuleren op essentiële gebieden zoals computergebruik, software-engineering en cyberbeveiliging.

Fulbright Foundation : Als u een Amerikaans of internationaal staatsburger bent, biedt deze stichting u een breed scala aan mogelijkheden, waaronder beurzen op cruciale gebieden als informatietechnologie en informatica.

Rockefeller Foundation: Duik in de enorme oceaan van mogelijkheden die de Rockefeller Foundation biedt, met beurzen en subsidies gericht op projecten die sociale en ecologische uitdagingen aanpakken, inclusief het snijvlak tussen technologie en de samenleving.

Soros Foundation: Met een mondiaal bereik ondersteunt de Soros Foundation studenten over de hele wereld, ook op cruciale gebieden zoals informatietechnologie en cyberbeveiliging. Maak je klaar om spannende en transformerende kansen te ontdekken.

Google: Ben je gepassioneerd door informatietechnologie? Google biedt u een wereld aan mogelijkheden via beurzen en ondersteuningsprogramma's die zijn ontworpen voor studenten en professionals in aanverwante vakgebieden. Het is jouw kans om de volgende stap in je carrière te zetten.

Microsoft: Van technologische innovatie tot de empowerment van minderheden en ondervertegenwoordigde groepen: Microsoft zet zich in voor de toekomst van informatietechnologie en computerwetenschappen. Ontdek hun beurs- en ondersteuningsprogramma's, uw pad naar succes kan hier beginnen!

Houd er rekening mee dat deze lijst slechts een voorbeeld is van de vele beschikbare mogelijkheden. Controleer regelmatig hun officiële portals, aangezien er zich nieuwe mogelijkheden kunnen voordoen. Zorg er bovendien voor dat u aan de specifieke vereisten van elke beurs voldoet en een sterke aanvraag voorbereidt die uw vaardigheden en prestaties op het vakgebied benadrukt.

Websites van universiteiten en onderzoekscentra : Veel universiteiten en onderzoekscentra bieden specifieke programma's aan die zijn ontworpen ten behoeve van vrouwen en andere minderheidsgroepen als onderdeel van inclusie- en diversiteitsinitiatieven op het gebied van technologie, cyberveiligheid, inlichtingen en aanverwante gebieden. Hier zijn enkele manieren om informatie over deze beursprogramma's te vinden:

Online beurzenplatforms : Er zijn verschillende online platforms die informatie verzamelen over beurzen in verschillende studiegebieden. Enkele van de meest populaire zijn:

1. **Scholarship Portal:** Dit platform biedt een uitgebreide database met internationale beurzen op verschillende gebieden, waaronder informatietechnologie en cyberbeveiliging.
2. **Scholarships.com:** een ander platform dat informatie biedt over beurzen op verschillende gebieden, waaronder technologie en communicatie.
3. **Fastweb :** het is een platform dat bronnen biedt over beurzen, financiële hulp en stages, inclusief mogelijkheden op gebieden die verband houden met technologie en informatica.

Bezoek de websites van universiteiten, hogescholen en gespecialiseerde organisaties. Sluit u aan bij online professionele netwerken en communities. Woon evenementen en conferenties bij, zo vergroot u uw netwerk aan contacten.

Als je de grenzen durft te verleggen en je volledige potentieel wilt verkennen in de fascinerende wereld van data en technologie, wacht dan niet langer en kom in actie! Hoewel het waar is dat dit pad uitdagingen met zich mee kan brengen, zal elk overwonnen obstakel je dichter bij persoonlijke en professionele vervulling brengen. Ongeacht je beroep, geslacht, leeftijd, afkomst, taal of overtuiging, kansen op dit gebied zijn voor iedereen beschikbaar, er is altijd ruimte om te groeien en te leren in dit spannende vakgebied. Het is tijd om uw potentieel te ontsluiten en uw eigen pad naar succes te schrijven in de wereld van data en technologie!

Als u geïnteresseerd bent in een opleiding om te profiteren van de mogelijkheid om een professionele carrière in deze sector op te bouwen, geef ik u graag aanbevelingen en aanvullende hulpmiddelen. Aarzel niet om contact met mij op te nemen via mijn website www.mujerseguro.com of op de belangrijkste sociale netwerken met de gebruiker @mujerseguro! Ik ben hier om u te helpen uw vaardigheden te ontwikkelen en uw carrière in dit opwindende vakgebied vooruit te helpen.

EXTRA BONUS : 60 FEITEN DIE ZE U NOOIT ZULLEN VERTELLEN

Bent u klaar om het onbeperkte potentieel van digitale kennis te ontsluiten? Nu we deze opwindende rondreis door de wereld van inlichtingendiensten afsluiten, wil ik u bedanken voor uw medeplichtigheid door mij te vergezellen. Als blijk van dankbaarheid heb ik een speciaal cadeau voor je: een bonushoofdstuk vol praktische en nuttige bronnen die zelden worden gedeeld.

In dit hoofdstuk ontdekt u hoe u op ethisch en veilige wijze het maximale uit het enorme digitale universum kunt halen. Van boeken en films tot applicaties en beheertools, ik geef je de sleutels om je dagelijkse en professionele ervaring te verrijken.

Stel je voor dat je kosteloos toegang hebt tot een oneindige bibliotheek met complete boeken. We verkennen platforms als Project Gutenberg en de Open Bibliotheek, waar je met slechts één klik literaire schatten kunt vinden. Daarnaast laat ik je kennismaken met LibriVox , een wereldwijde gemeenschap van vrijwilligers die gratis audioboeken in meerdere talen aanbiedt.

Bent u een filmliefhebber? Je ontdekt gratis streamingdiensten als Tubi TV en Crackle , waarmee je van films en series kunt genieten zonder een cent uit te geven. We zullen ook de meest complete database met films in het Spaans en de grootste gemeenschap van filmliefhebbers in Latijns-Amerika verkennen.

En als je technologische hulpmiddelen nodig hebt, zal ik je vertellen over open source-softwarebronnen zoals SourceForge en GitHub, waar je kosteloos educatieve en productiviteitstoepassingen kunt vinden. Daarnaast leer je over sociale luister- en consumentenanalyseplatforms die worden aangedreven door kunstmatige intelligentie, ideaal voor het veilig beheren en analyseren van gegevens.

Als je gepassioneerd bent door geschiedenis en cultuur, begeleid ik je door platforms die toegang bieden tot culturele schatten en historische documenten van over de hele wereld. Van de " Wayback Machine", die websites archiveert, tot virtuele bibliotheken die digitale boeken in verschillende talen opslaan.

Dit hoofdstuk is meer dan alleen een lijst met bronnen; Het is een uitnodiging om de online beschikbare kennis te verkennen en optimaal te benutten. Voel de kracht om te blijven leren en groeien, met behulp van hulpmiddelen waarmee u uw doelen efficiënt en ethisch kunt bereiken.

Bedankt dat je deel uitmaakt van deze reis. Veel leesplezier en blijf leren!

Hoe je gratis complete films en series kunt bekijken

1. **Tubi**

Tubi is een volledig gratis **streamingplatform** dat een alternatief biedt voor diensten als Netflix en Amazon Prime Video. Met een uitgebreide catalogus van meer dan 40 duizend titels en 64 miljoen actieve gebruikers. Tubi biedt een breed scala aan films en tv-programma's in genres variërend van horror en actie tot romantiek en gezinsinhoud. Het is vooral aantrekkelijk voor diegenen die geïnteresseerd zijn in films, series en documentaires over inlichtingen, spionage, cybersecurity en aanverwante onderwerpen.

Het grote voordeel van Tubi is het AVOD- bedrijfsmodel (Ad Supported Video- On - Demand) , wat betekent dat het inhoud kosteloos aanbiedt aan de gebruiker, gefinancierd door advertenties. Dit onderscheidt het van platforms als Netflix en Amazon Prime, die maandelijkse betalingen vereisen. Bovendien valt Tubi op door zijn samengestelde bibliotheek, dat wil zeggen een zorgvuldig gekozen selectie van inhoud, die een verscheidenheid aan films, series en documentaires in het Spaans omvat over inlichtingen, spionage, cyberbeveiliging en aanverwante onderwerpen.

Hoewel het misschien niet dezelfde hoeveelheid inhoud heeft als sommige van zijn grotere concurrenten, richt Tubi zich op het bieden van een kijkervaring van hoge kwaliteit met titels die relevant zijn voor zijn doelgroep.

2. **Filmin**

Filmin is een **online bioscoopplatform** gecreëerd in Spanje dat interactie tussen gebruikers aanmoedigt en gepersonaliseerde aanbevelingen biedt op basis van de kijkgeschiedenis en voorkeuren van elke gebruiker. De uitgebreide catalogus varieert van auteursfilms en onafhankelijke films tot commerciële producties. Hierdoor kunnen geïnteresseerden in de wereld van inlichtingendiensten effectief nieuwe films, series en documentaires over deze onderwerpen ontdekken.

Hoewel Filmin een selectie gratis inhoud aanbiedt, heeft het ook een betaald abonnement genaamd Filmin Plus, dat toegang biedt tot een grotere catalogus en extra functies.

De gratis inhoud op Filmin omvat onafhankelijke films en series, korte films, documentaires en andere soorten inhoud die speciaal voor deze modaliteit zijn geselecteerd. Het is echter belangrijk op te merken dat de beschikbaarheid van gratis films kan variëren per regio en licentieovereenkomsten voor inhoud.

3. **Amazon Prime-video**

Amazon Prime Video is een **streamingplatform** dat een breed scala aan audiovisuele inhoud presenteert, waaronder films, televisieseries, documentaires en originele programma's geproduceerd door Amazon Studios . Veel van deze titels behandelen intrigerende en complexe aspecten die verband houden met intelligentie en spionage en bieden een frisse en unieke kijk op deze onderwerpen.

Het is beschikbaar als onderdeel van een Amazon Prime-abonnement, dat ook extra voordelen biedt, zoals snelle en gratis verzending, toegang tot muziek, e-boeken en meer. Amazon Prime Video is inbegrepen als onderdeel van het Amazon Prime-abonnement, dat jaarlijks of maandelijks kost. Bovendien heeft het een gratis proefperiode van 30 dagen voor nieuwe gebruikers, waarin ze kosteloos toegang hebben tot Amazon Prime Video-inhoud en andere Prime-voordelen.

Biedt videostreams van hoge kwaliteit, inclusief inhoud in 4K Ultra HD-resolutie en surround sound, voor een meeslepende kijkervaring. Hoewel sommige titels afzonderlijk kunnen worden gehuurd of gekocht, biedt Amazon Prime nog steeds een uitstekende prijs-kwaliteitsverhouding in vergelijking met andere platforms.

4. Apple TV

Apple TV + is een **streamingdienst** van Apple die exclusieve content aanbiedt die door hemzelf en andere studio's is geproduceerd, met uitzonderlijke kwaliteit. De catalogus omvat series, films, documentaires en kinderprogramma's. Het valt vooral op bij diegenen die geïnteresseerd zijn in onderwerpen op het gebied van inlichtingen, spionage en cyberbeveiliging, omdat de originele inhoud deze gebieden op spannende manieren diepgaand onderzoekt. Bovendien is Apple TV+ reclamevrij en kunt u inhoud downloaden voor offline weergave.

Hoewel sommige opties op Apple TV gratis zijn, vereist de meeste inhoud een abonnement op Apple TV+ en de individuele aankoop of huur van specifieke titels. Het platform biedt gebruikers echter een gratis proefperiode om de catalogus te verkennen voordat ze een abonnement afsluiten, waardoor het een toegankelijke optie is voor degenen die zich willen onderdompelen in de inhoud ervan.

En vergeet niet dat wanneer u een Apple-apparaat koopt, u 3 maanden gratis Apple TV+ krijgt, een kans die u niet mag missen. Profiteer optimaal van deze aanbieding!

5. Rakuten TV

Rakuten TV is een **streamingplatform** Japans dat een ruime keuze aan films, series en documentaires op aanvraag biedt. Hoewel de focus niet uitsluitend op de wereld van inlichtingendiensten ligt, bevat de gevarieerde catalogus enkele van de beste series en films met betrekking tot cyberbeveiliging en technologie, die relevant kunnen zijn voor dit publiek.

Naast de betaalde inhoud biedt Rakuten TV een catalogus met gratis kanalen die 24 uur per dag uitzenden, hoewel de optie voor premiuminhoud beschikbaar is voor mensen die op zoek zijn naar een completere ervaring. Het valt op door zijn flexibiliteit en gemak, omdat u specifieke inhoud individueel kunt huren of kopen, waardoor u onmiddellijk toegang krijgt tot een breed scala aan opties, zonder dat u zich hoeft te binden aan een maandelijks abonnement. In sommige landen biedt het een gratis maandabonnement van 1 maand. proces.

Hoewel gebruikers het gebruiksgemak en de beschikbaarheid van goede films prijzen, wijzen sommigen op aspecten die voor verbetering vatbaar zijn, zoals de duur van de huur en het ontbreken van ouderlijk toezicht. Als u geïnteresseerd bent in het ontdekken van series en documentaires over wetenschappelijke of technologische onderwerpen, kan Rakuten TV een uitstekende optie voor u zijn.

6. Google-TV

Google TV is een **entertainmentplatform** dat een uniforme kijkervaring biedt door meerdere streamingdiensten en televisiekanalen te integreren, samen met populaire Google-apps zoals de Google Play Store, Alexa en YouTube.

Met een uitgebreide catalogus van meer dan 400.000 films, series en documentaires die u op aanvraag kunt huren of kopen, biedt Google TV ook de FAST-modaliteit (Free Ad- Supped Streaming Television), die toegang biedt tot meer dan 800 gratis kanalen zonder dat u een abonnement nodig heeft. abonnement of betaald, met meer dan 80.000 titels met afgewisselde advertenties. Hoewel de focus niet uitsluitend beperkt is tot inhoud die verband houdt met inlichtingen, spionage en cyberbeveiliging, kan de gevarieerde catalogus titels bevatten die relevant zijn voor dit publiek.

Dit platform is interessant vanwege de grote verscheidenheid aan beschikbare inhoud, toegankelijkheid vanaf elk compatibel apparaat en de mogelijkheid om gekochte inhoud te downloaden om offline te bekijken. Google TV is beschikbaar in verschillende regio's, hoewel de services per locatie kunnen verschillen.

7. Tivificeer

Tivify is een Spaans **digitaal televisieplatform** dat een brede selectie online televisiekanalen samenbrengt, zowel DTT (Digital Terrestrial Television) als andere diensten, en zichzelf consolideert als een "platform van platforms". Hoewel het niet zijn eigen inhoud genereert, onderscheidt het zich door het verzamelen van de gratis uitzendingen van DTT-kanalen en het combineren ervan met de flexibiliteit van online uitzendingen. Het biedt een ervaring die is aangepast aan de interesses van de gebruiker, met een verscheidenheid aan opties voor live televisiekanalen, waaronder thematische, kinder-, sport-, regionale en internationale kanalen, die aantrekkelijk kunnen zijn voor een publiek dat dol is op spionage- en inlichtingenonderwerpen.

Voorheen was Tivify een premiumdienst waarvoor een maandelijks abonnement nodig was, maar nu biedt het ook een gratis versie die live content van deze kanalen bevat, zonder advertenties of betalingen, met behoud van dezelfde resolutiekwaliteit. Bovendien maakt het de opname van programma's op mobiele apparaten, computers en Smart TV's mogelijk .

Tivify wordt gepresenteerd als een interessante optie voor wie op zoek is naar een grote verscheidenheid aan televisiekanalen, opnamemogelijkheden en toegang tot live content zonder extra kosten. Voor een nog completere ervaring biedt Tivify Premium meer opnamemogelijkheden en toegang tot premiumkanalen. Het is beschikbaar in verschillende landen en heeft een mobiele applicatie.

8. Pluto-tv

Pluto TV is een volledig gratis **streamingplatform** , dat opereert onder het formaat dat bekend staat als AVOD (Video on Demand with Ads), eigendom van Paramount Global en gevestigd in de Verenigde Staten. Het biedt een breed scala aan online televisiekanalen waar gebruikers continu van inhoud kunnen genieten, vergelijkbaar met de traditionele televisie-ervaring, zonder dat ze zich hoeven te registreren. Daarnaast is er een mobiele applicatie beschikbaar voor iOS- en Android-apparaten.

Met meer dan 80 miljoen maandelijkse actieve gebruikers wereldwijd onderscheidt Pluto TV zich door het aanbieden van meer dan 100 speciaal geselecteerde thematische kanalen, zowel live als on-demand beschikbaar, met opties voor alle smaken. De programmering varieert van bioscoop, series en romans tot realiteiten , kinderinhoud en meer.

Pluto TV beschikt ook over exclusieve documentairekanalen, zoals misdaad- en mysteriekanalen, die aantrekkelijk kunnen zijn voor een publiek dat geïnteresseerd is in inlichtingen, spionage en onderzoeken. Deze diversiteit aan inhoud en het ontbreken van kosten voor gebruikers maken Pluto TV een zeer aantrekkelijke optie voor wie op zoek is naar gratis en gevarieerd entertainment online.

9. Hulu

Hulu is een **video-on-demand-service** die een breed scala aan inhoud biedt, waaronder het streamen van recente televisieprogramma's, films, documentaires en series uit zowel de Verenigde Staten als Japan. Het is compatibel met verschillende apparaten en beschikt over opties voor ouderlijk toezicht om een veilige omgeving te garanderen.

Hoewel het belangrijkste publiek uit vrouwen bestaat en 52% van het totale aantal abonnementen vertegenwoordigt, valt Hulu op door zijn diversiteit aan entertainment. Het biedt inhoud in Spaanse en Latijns-Amerikaanse producties, maar ook films, originele series en populaire televisieprogramma's waarvan u slechts 24 uur na hun oorspronkelijke uitzending kunt genieten.

Abonnees hebben toegang tot optionele pakketten zoals Disney+, NFL RedZone en ESPN+, waardoor het beschikbare entertainmentaanbod wordt uitgebreid. Bovendien is de inhoud geolokaliseerd en kan deze variëren afhankelijk van de regio. Volgens statistieken gebruiken ongeveer 34,7 miljoen bezoekers VPN-diensten om geoblocking te omzeilen en toegang te krijgen tot de internationale inhoud van Hulu. Afhankelijk van je locatie kun je in aanmerking komen voor een gratis proefperiode van één maand of, beter nog, als je een student bent, onbeperkte toegang krijgen tot de hele bibliotheek tegen een gereduceerd tarief.

10. Disney Plus

Disney+ is een **streamingdienst** van The Walt Disney Company die een breed scala aan multimedia-inhoud biedt, waaronder films, series, documentaires en originele programmering van Disney, Pixar, Marvel, Star Wars en National Geografisch . Met meer dan 158 miljoen abonnees wereldwijd.

Voor een publiek dat geïnteresseerd is in inlichtingen en aanverwante onderwerpen biedt Disney+ relevante inhoud, vooral via de franchise van spionagefilms zoals James Bond, maar ook series en documentaires van National Geografisch gebied waarin onderwerpen als technologie, inlichtingen en nationale veiligheid worden onderzocht.

Disney+ biedt gratis een aantal volledige toegangsopties tot de catalogus met films, series en documentaires. Je kunt profiteren van de gratis proefperiode van 7 dagen die wordt aangeboden door Disney+. Als u zich in Spanje, Mexico en Latijns-Amerika bevindt, kunt u kiezen voor maximaal twee maanden gratis Disney Plus . Bovendien hebben sommige exploitanten en kabelmaatschappijen mogelijk andere soortgelijke aanbiedingen. Vergeet niet om de beschikbaarheid van deze opties in jouw land te controleren en geniet zonder extra kosten van Disney+ content.

11. Ster plus

Star+ is een Disney- **streamingdienst die zich onderscheidt door zijn focus op een volwassener en diverser publiek en gevarieerde inhoud biedt over intelligentie, spionage, cyberbeveiliging en meer.** Naast het aanbieden van films, series en documentaires, bevat Star+ live sportuitzendingen van ESPN, waardoor het zich onderscheidt van andere platforms.

Nu Star+ verkrijgbaar is in Latijns-Amerika, wordt het gepresenteerd als het equivalent van Hulu in de Verenigde Staten, met een brede catalogus met bekroonde films en emblematische series van verschillende entertainmentmerken. Hierdoor kan het een grotere verscheidenheid aan genres en thema's aanbieden om aan de smaak van een volwassener publiek te voldoen.

Momenteel biedt Star+ een tijdelijke promotie aan genaamd Star+ Free Pass, waarmee gebruikers gedurende een beperkte periode gratis toegang krijgen tot de inhoud van het platform. Gedurende deze tijd kunnen abonnees genieten van exclusieve inhoud, live ESPN-sportwedstrijden, films, series en originele producties, wat een unieke kans biedt om het Star+-aanbod kosteloos te verkennen.

12. Voodoo

Vudu is een **videostreamingservice van Walmart** die gratis toegang biedt tot duizenden filmtitels, series, tv-programma's en originele inhoud, zonder dat er een maandelijks abonnement vereist is.

Dit platform heeft een van de grootste catalogi, met meer dan 20.000 films en 8.000 tv-shows. Naast gratis inhoud biedt het individuele betalingsopties voor de specifieke films of programma's die u wilt bekijken, in plaats van een abonnement.

Je kunt Vudu op verschillende apparaten bekijken, de inhoud downloaden en offline afspelen, met kwaliteitsopties waaronder 1080p, 4K en Ultra HD. Hoewel de belangrijkste beschikbaarheid ervan gericht is op de Verenigde Staten en Canada, is het vanwege geografische beperkingen mogelijk om er in andere gebieden toegang toe te krijgen door een VPN te gebruiken.

13. Netflix

Netflix is een toonaangevend wereldwijd **streamingserviceplatform**, bekend om zijn uitgebreide inhoudscatalogus, waaronder series, films en documentaires. Het maakt gebruik van een video-on-demand-model (SVOD) met maandelijks abonnement, waardoor gebruikers onbeperkte toegang tot de inhoud krijgen zolang hun abonnement actief is.

Het heeft een ruime keuze aan titels in genres gerelateerd aan intelligentie, spionage en technologie, variërend van de intrigerende serie 'House of Kaarten ' tot de verontrustende 'Black Mirror '. Bovendien heeft het platform de mogelijkheid om gepersonaliseerde aanbevelingen te presenteren, aangepast aan de voorkeuren van elke gebruiker, waardoor het gemakkelijker wordt om relevante en aantrekkelijke inhoud te zoeken en te ontdekken.

Hoewel het geen optie biedt om de inhoud voor onbepaalde tijd gratis te bekijken, biedt Netflix wel een gratis proefabonnement voor nieuwe gebruikers voor een beperkte periode. En het biedt de flexibiliteit om op elk moment plannen te wijzigen of online op te zeggen, zonder contracten, opzegkosten of verplichtingen, met de gemoedsrust om het platform uit te proberen en te beslissen of ze door willen gaan met de service.

Netflix heeft een aanzienlijk wereldwijd abonneebestand van ruim 260 miljoen gebruikers, waarvan 52% vrouwen, en is beschikbaar in de meeste landen, behalve in de landen waar dit vanwege wettelijke of regelgevende problemen verboden of beperkt is.

14. HBO MAX

HBO Max is een Amerikaans onafhankelijk **streamingplatform** dat het beste van HBO, Warner Bros., DC, Cartoon Network en meer samenvoegt. De catalogus varieert van iconische films tot bekroonde series en Max Originals . Voor een publiek dat geïnteresseerd is in onderwerpen als intelligentie, spionage, cyberveiligheid en andere gerelateerde onderwerpen, biedt HBO Max een uitgebreide catalogus, met meer dan 45.000 uur aan entertainment en een brede selectie aan producties die deze onderwerpen op een diepgaande en boeiende manier onderzoeken.

Het concurrentievoordeel ligt in de samenwerking met HBO, waardoor het toegang krijgt tot exclusieve, hoogwaardige inhoud, naast een bibliotheek met film- en televisieklassiekers. De interface is eenvoudig te gebruiken en biedt uitstekende beeld- en geluidskwaliteit.

In bepaalde gebieden kunnen sommige HBO Max-providers nieuwe abonnees een gratis proefperiode aanbieden. Tijdens deze gratis proefperiode kunnen gebruikers alle HBO Max-inhoud streamen. Als je geniet van de HBO Max-ervaring, hoef je geen actie te ondernemen en wordt je abonnement elke factureringsperiode automatisch verlengd totdat je besluit op te zeggen.

15. SerieLAN

SeriesLAN is een online platform dat een brede catalogus biedt van tekenfilmseries en nostalgische programma's van verschillende generaties, van eind jaren '70 tot recent. Dit platform is volledig gratis toegankelijk via de Android-applicatie of rechtstreeks vanaf de website.

Toegang tot het platform is gratis en de inhoud is beschikbaar om van te genieten, zelfs zonder een gebruikersaccount. Hoewel SeriesLAN gespecialiseerd is in retroseries en tekenfilms van Europese, Aziatische en Noord-Amerikaanse afkomst, kunnen sommige hiervan elementen van spionage en avontuur bevatten die een speelse introductie bieden tot concepten die verband houden met spionage en intelligentie.

Het is een van de meest complete platforms voor het verzamelen van tekenfilms, series en programma's die in het Spaans zijn nagesynchroniseerd, waardoor de kans groot is dat je daar je favoriete kinderproductie zult vinden. Bovendien kun je hiermee legaal en gratis de afleveringen van de gewenste serie downloaden, wat erg handig is als je niet altijd toegang hebt tot een stabiele internetverbinding.

16. Plex

Plex is een **online entertainmentplatform** met een wereldwijd bereik, dat bekend staat om zijn gratis kernfunctionaliteit, waaronder het streamen van een breed scala aan inhoud, van films en series tot live tv-shows. Daarnaast biedt het meer dan 100 gratis kanalen met advertentie-inhoud en een uitgebreide bibliotheek van 20.000 titels die op aanvraag beschikbaar zijn, waardoor een Netflix-achtige ervaring wordt geboden en personalisatie wordt gecombineerd met platformonafhankelijke compatibiliteit en downloadoptie voor offline weergave.

Voor degenen die geïnteresseerd zijn in technologische onderwerpen, staatszaken, spionage en cyberveiligheid is Plex een uitstekende optie, die de organisatie en overdracht van uw eigen multimediabibliotheek mogelijk maakt, evenals integratie met accounts van andere platforms zoals Hulu, Netflix, Max en Disney+. Dit zorgt voor een gepersonaliseerde en verrijkende kijkervaring.

Hoewel Plex een premium abonnement aanbiedt, genaamd Plex Pass, met extra functies, is een groot deel van de functionaliteit gratis toegankelijk, waardoor het een aantrekkelijke optie is voor een breed scala aan gebruikers die op zoek zijn naar een veelzijdige en gepersonaliseerde entertainmentervaring.

17. Tegen

Acontra + is een **streamingdienst met meerdere platforms** biedt zowel abonnementsvideo-on-demand (SVOD) als transactievideo-on-demand (TVOD), waarbij de uitmuntendheid van bioscoop wordt gecombineerd met het gemak van online-inhoud. Dit unieke aanbod bevordert niet alleen het filmplezier thuis, maar ook in de bioscopen, en geeft als bijkomend voordeel gratis bioscoopkaartjes weg voor sommige landen.

Dit initiatief, gepromoot door de onafhankelijke Spaanse distributeur A Contracorriente Films, ontstond als een virtuele uitbreiding van bioscopen in een tijd van lockdown, en bood steun aan een zwaar getroffen sector. Het wordt ondersteund door het herstel-, transformatie- en veerkrachtplan van de Europese culturele industrie.

Acontra + -catalogus varieert van klassieke filmcollecties tot familiefilms, kunstdocumentaires, opera's en balletten, maar ook spannende titels die kijkers onderdompelen in intrigerende plots en avonturen. Daarnaast biedt het de mogelijkheid om de inhoud te downloaden om deze overal offline te bekijken. Daarnaast bieden ze een gratis proefperiode van 7 dagen aan, zodat je vrijblijvend hun catalogus kunt ontdekken.

18. Kijk gewoon

JustWatch is een in Duitsland gevestigde **metazoekmachine** waarmee u gemakkelijk films en series kunt vinden om online te bekijken. Indexeert de catalogi van verschillende legale streamingdiensten, zoals Netflix, HBO, Amazon Prime Video en Disney+. Met ruim 106.000 titels en gebaseerd op de activiteit van ruim 40 miljoen gebruikers per maand, speelt JustWatch geen content af, maar geeft aan waar je de titels op de juiste platforms kunt bekijken.

De service is gratis en heeft geen invloed op de prijzen van de platforms en vereist ook geen registratie. Biedt trailers, synopsis, cast en beoordelingen voor elke titel. Het is beschikbaar in meer dan 120 landen en de catalogus past zich aan de geografische locatie van de gebruiker aan. Het is toegankelijk vanaf meerdere apparaten en heeft een mobiele applicatie voor meer gemak.

De personalisatiefunctie van JustWatch is een hulpmiddel van onschatbare waarde voor diegenen die geïnteresseerd zijn in het verkennen van films, series en documentaires over inlichtingendiensten, spionage, cyberbeveiliging en aanverwante onderwerpen. Hiermee kunt u snel inhoud vinden die verband houdt met deze onderwerpen, volglijsten maken, gepersonaliseerde aanbevelingen ontvangen en op de hoogte blijven van nieuwe releases op dit gebied, met gedetailleerde informatie over elke titel.

19. Filmaffiniteit

FilmAffinity is **de belangrijkste en meest complete database** van Spaanstalige films op internet. Wereldwijd wordt het erkend als een referentie bij het raadplegen van gebruikersbeoordelingen en recensies voor elke film, serie, documentaire, korte film en televisieprogramma. Bovendien is FilmAffinity een onafhankelijk platform waarmee u kunt stemmen en gepersonaliseerde filmaanbevelingen kunt ontvangen op basis van de persoonlijke affiniteit van elke gebruiker.

Dit platform biedt gedetailleerde informatie over de films, evenals links om ze te bekijken op verschillende streamingplatforms, zoals Netflix, HBO Max, Amazon Prime Video en anderen. De actieve community, bestaande uit meer dan 1 miljoen geregistreerde gebruikers, deelt meningen en recensies over elke filmproductie. Dit levert waardevol inzicht op in de kwaliteit en inhoud van films over onderwerpen als inlichtingen, spionage en cybersecurity.

FilmAffinity zich vooral richt op film, omvat de uitgebreide catalogus ook een breed scala aan series en documentaires die verband houden met deze onderwerpen. Als u geïnteresseerd bent in het verkennen van inhoud met betrekking tot intelligentie en cyberbeveiliging, kan FilmAffinity een handig hulpmiddel voor u zijn.

20. Peliplat

Peliplat is een volledig gratis Argentijns online platform dat speciaal is ontworpen voor filmliefhebbers of mensen die geïnteresseerd zijn in een bepaald genre. Het herbergt meer dan 3 miljoen titels in het Spaans, Engels en Portugees, van klassiekers tot de nieuwste releases. Bovendien is het **de grootste gemeenschap van filmfans in Latijns-Amerika geworden**, met meer dan 1 miljoen maandelijkse bezoeken en 900.000 gebruikersregistraties. Dankzij het wereldwijde bereik kunt u in contact komen met filmliefhebbers over de hele wereld.

Maar Peliplat beperkt zich niet tot het verstrekken van gegevens over films, documentaires, series, programma's en meer. Het biedt ook een unieke ruimte voor discussie en analyse over uw interessante onderwerpen. Wilt u uw mening geven over uw favoriete 007-agent? Of een film over vrouwelijke spionage bespreken? Hier kun je het doen!

Dit platform biedt geen directe streamingdiensten, maar u kunt wel samenvattingen, recensies, interessante feiten en aanbevelingen krijgen. En als u liever over film schrijft, moedigt Peliplat u aan om artikelen te publiceren die verband houden met de genres waarin u geïnteresseerd bent. En het beste van alles is dat u met uw bijdragen tot € 600,- per maand kunt verdienen!

21. BBC iPlayer

BBC iPlayer is een **online streamingdienst** ontwikkeld door de BBC. Hiermee kunnen kijkers via internet naar Britse televisieprogramma's kijken en naar Britse radioprogramma's luisteren. Het platform biedt een grote verscheidenheid aan content, waaronder series, films, documentaires en entertainmentprogramma's. In tegenstelling tot BBC America, een basiskabelkanaal met programmering voor het Amerikaanse publiek, is BBC iPlayer ontworpen voor het Britse publiek en biedt het gratis en gemakkelijke toegang tot een selectie van hoogwaardige inhoud, waaronder inlichtingengerelateerde onderwerpen, spionage en cyberbeveiliging.

Bovendien is het concurrentievoordeel gebaseerd op de uitgebreide bibliotheek met titels, de mogelijkheid om live programma's te bekijken en maatwerk volgens gebruikersvoorkeuren. Hoewel de reikwijdte ervan beperkt is tot het Verenigd Koninkrijk, waar de BBC is gevestigd, biedt het platform via het VPN-netwerk zonder grote problemen toegang vanuit het buitenland. Met programma's van 4K-kwaliteit, downloadbare programma's en een geweldige interface die compatibel is met meerdere soorten apparaten, is iPlayer een geweldige optie voor diegenen die geïnteresseerd zijn in het verkennen van de wereld van Britse informatie en entertainment. Je kunt het online en live bekijken vanaf je computer of mobiele apparaat.

U kunt tot 30 dagen lang genieten van tv-programma's van de afgelopen zeven dagen en naar radio-opnamen luisteren, naast toegang tot live-uitzendingen.

22. Hootsuite

Hootsuite, een **beheerplatform voor sociale media**, ondersteunt een breed scala aan apps en diensten, waaronder Facebook, Twitter, nu X, Instagram, LinkedIn, YouTube, Pinterest en meer, en biedt ook integraties met sociale netwerken en cloudopslag, CRM en samenwerkingsplatforms. Hiermee kunnen gebruikers inhoud plannen en publiceren op meerdere platforms, vermeldingen en gesprekken over hun merk volgen, postprestaties analyseren en met teams samenwerken aan het beheer van sociale accounts.

Voor inlichtingenanalisten vertegenwoordigt Hootsuite een waardevol hulpmiddel door het verzamelen van gegevens te vergemakkelijken, online trends en meningen te monitoren, potentiële bedreigingen of kansen te identificeren en gedetailleerde rapporten te genereren, waardoor strategische besluitvorming wordt vereenvoudigd.

Wat het prijsmodel betreft, biedt Hootsuite een gratis versie met beperkte basisfunctionaliteit, evenals betaalde abonnementen die toegang bieden tot meer geavanceerde functies en gespecialiseerde ondersteuning.

23. Buffer

Buffer is een andere **online postbeheertool**, vergelijkbaar met Hootsuite, maar veel handiger voor kleine teams met een beperkt budget. Voor inlichtingenanalisten kan Buffer interessant zijn vanwege zijn vermogen om berichten op sociale media efficiënt te plannen en te analyseren, hoewel Hootsuite mogelijk geavanceerdere tools biedt voor realtime analyse en monitoring.

Buffer maakt integraties mogelijk met analysetools voor sociale media zoals Google Analytics of Bitly en onderscheidt zich door het gebruiksgemak en de gerichte benadering van het programmeren van inhoud. Het belangrijkste voordeel ligt in de mogelijkheid om berichten op meerdere platforms eenvoudig en efficiënt vooraf te plannen. Het biedt een gratis versie met beperkingen, maar heeft abonnementen met meer functies en analytische gegevens.

24. Merkhorloge

Brandwatch is een **consumentenanalyseplatform dat wordt aangedreven door kunstmatige intelligentie.** In tegenstelling tot Hootsuite en Buffer beperkt Brandwatch zich niet alleen tot het plannen van berichten. Krijg toegang tot 1,7 miljard historische gesprekken sinds 2010, zodat u trends en gedrag in de loop van de tijd kunt begrijpen. Bevat dagelijks 501 miljoen nieuwe gesprekken, zodat u op de hoogte blijft. Krijg toegang tot gegevens van Twitter, nu X, Tumblr en Reddit, om de merkperceptie van organisaties te analyseren.

Het verzamelt gegevens van meer dan 100 miljoen unieke websites, wat de analyse verrijkt. Het beschikt over kunstmatige intelligentie om onmiddellijke perceptiediagnose en beeldanalyse te bieden.

Hoewel de gratis versie beperkingen heeft, maken het gebruiksgemak en de compatibiliteit met meerdere sociale netwerken het waardevol voor inlichtingenanalisten. Wat de nadelen betreft, Brandwatch kan complex zijn voor nieuwe gebruikers vanwege het brede scala aan functies. Bovendien kunnen de kosten hoog zijn voor kleine bedrijven of startups met beperkte budgetten.

25. Ontkiem sociaal

Sprout Social onderscheidt zich door zijn focus op uitgebreid beheer van sociale media en biedt geavanceerde analyses, **postplanning** en tools voor gebruikersbetrokkenheid. In tegenstelling tot Hootsuite en Buffer legt Sprout Social de nadruk op teamsamenwerking en de mogelijkheid om grote hoeveelheden sociale interacties te beheren.

De voordelen zijn onder meer een intuïtieve interface, gedetailleerde rapporten en een sterke integratie met analysetoepassingen voor sociale media, zoals Google Analytics en Google Data Studio. Bovendien is Sprout Social compatibel met een breed scala aan platforms en maakt integratie met analysetools mogelijk. Dit maakt het een aantrekkelijke optie voor inlichtingenanalisten, omdat de klantgerichte aanpak en het vermogen om een volledig beeld te geven van de prestaties van sociale media hen in staat stellen weloverwogen en strategische beslissingen te nemen.

26. Praatloper

Talkwalker is een platform voor **sociaal luisteren** en media-analyse waarmee merken online gesprekken over hun merk, producten of branche kunnen monitoren, analyseren en erop kunnen reageren. Het is uiterst nuttig voor inlichtingenanalisten, omdat het hen een diep inzicht geeft in de perceptie van het publiek, het opsporen van trends, het monitoren van concurrenten en het evalueren van de impact van marketingcampagnes.

Het is compatibel met een verscheidenheid aan andere apps en tools, waaronder integraties met Google Analytics , Salesforce, Tableau en meer. Het maakt gratis proefversies en gepersonaliseerde plannen mogelijk volgens de behoeften van de gebruiker. Bovendien maakt het integraties mogelijk met analysetools voor sociale media, zoals Brandwatch , Sysomos en Crimson. Hexagon , waardoor gebruikers een volledig beeld krijgen van het digitale landschap.

27. Smeltwater

Meltwater is een platform voor mediamonitoring en digitale media-analyse waarmee u **online vermeldingen kunt volgen**, de publieke perceptie kunt analyseren en de mening van mensen kunt volgen met behulp van hulpmiddelen voor kunstmatige intelligentie. Met de mogelijkheid om dagelijks tot wel ~1 miljard stukjes inhoud te verwerken, zet Meltwater deze informatie om in essentiële gegevens.

Voor inlichtingenanalisten is Meltwater uiterst nuttig. Biedt waardevolle gegevens voor strategische besluitvorming, identificatie van opkomende trends en evaluatie van merkprestaties. Bovendien maakt de compatibiliteit met tools zoals Google Analytics, Slack, Microsoft Teams, Bit.ly, DingTalk en generieke Webhook integraties mogelijk met andere sociale media-analysetoepassingen, zoals Brandwatch, Sysomos en Crimson. Zeshoek. Dit vergroot het vermogen om een compleet beeld van het digitale landschap te bieden. Meltwater biedt ook gratis demo's en op maat gemaakte plannen op basis van de behoeften van elke klant.

28. Karmozijnrood zeshoek

Karmozijnrood Hexagon is een analyseplatform voor sociale media dat natuurlijke taalverwerking (NLP), machinaal leren en neurale netwerken gebruikt om **de publieke perceptie te begrijpen**, trends te identificeren, sentimenten waar te nemen en de impact van de publieke opinie op sociale media in realtime te meten.

Voor de inlichtingensector, Crimson Hexagon is waardevol vanwege het vermogen om gegevens in realtime te volgen en te analyseren, evenals de integratie met analysetools voor sociale media. De focus op sociale intelligentie en een diepgaand begrip van gegevens maken het een aantrekkelijke optie voor het nemen van weloverwogen en strategische beslissingen over doelgroepen.

29. Palantir

Palantir heeft een alomvattende benadering van inlichtingen en wordt gebruikt om **gegevens veilig en verantwoord te beheren en analyseren**. Met dit platform kunt u grote hoeveelheden gegevens uit verschillende bronnen integreren, visualiseren en analyseren om zinvolle informatie te verkrijgen en weloverwogen beslissingen te nemen.

Voor inlichtingendiensten is Palantir waardevol vanwege zijn vermogen om complexe en heterogene gegevens te volgen en te analyseren, patronen en relaties te identificeren en in realtime intuïtieve visualisaties te bieden. Bovendien maakt de integratie met analysetools voor sociale media, zoals onder meer Google

Analytics , Slack , Microsoft Teams , Bit.ly, DingTalk en generieke Webhook , het een aantrekkelijke optie die veel wordt gebruikt in de overheidssector.

30. Dataminr

Dataminr is een **intelligentietool voor sociale media** die wordt gebruikt voor het volgen, detecteren, analyseren en **waarschuwen in realtime** over belangrijke gebeurtenissen zoals natuurrampen, crises, protesten, financieel nieuws en andere. Het maakt gebruik van kunstmatige intelligentie en data-analyse om relevante en opkomende informatie uit openbare bronnen op sociale netwerken, nieuws en andere online media te identificeren.

Geeft vroegtijdige waarschuwingen over situaties die van invloed kunnen zijn op opkomende trends en die gevolgen kunnen hebben voor de nationale veiligheid. Hierdoor kunnen analisten snelle, datagestuurde beslissingen nemen om risico's te beperken of kansen te benutten. Hoewel het geen volledige gratis versie biedt, kunt u een demo aanvragen om de mogelijkheden ervan te verkennen.

31. NC4

NC4 is een platform **voor inlichtingen- en risicobeheer** dat wordt gebruikt om beveiligingsinformatie in realtime te verzamelen, analyseren en delen. Het stelt instellingen in staat dreigingen en crises te voorkomen en erop te reageren. Het is zeer nuttig omdat het oplossingen voor beveiligingsintelligentie biedt voor overheden en organisaties, en hen cruciale gegevens biedt over gebeurtenissen en situaties die van invloed kunnen zijn op de nationale veiligheid of de continuïteit van operaties. Dit omvat sociale media-analyses voor het detecteren van bedreigingen en het realtime monitoren van gebeurtenissen.

Bovendien is het waardevol voor inlichtingendiensten vanwege de focus op beveiliging en gegevensbescherming. NC4 is ook compatibel met een verscheidenheid aan andere toepassingen, tools en systemen voor incidentbeheer, evenals tools voor risicoanalyse.

32. Geofeedia

Geofeedia is een **locatie-intelligentieplatform** waarmee u georuimtelijke informatie en sociale media-inhoud in realtime kunt verzamelen, visualiseren en analyseren. Deze tool richt zich, in tegenstelling tot Dataminr , op het monitoren van gebeurtenissen, activiteiten en trends op specifieke geografische locaties, wat handig is voor verschillende sectoren, zoals beveiliging, marketing en noodbeheer.

Voor inlichtingendiensten is Geofeedia waardevol vanwege het vermogen om gebeurtenissen en activiteiten die zich op specifieke locaties voordoen in realtime te volgen en te analyseren, opkomende trends te identificeren, potentiële bedreigingen te detecteren en situatieanalyses uit te voeren, om tijdig actie te ondernemen.

33. Mediasonar

Media Sonar is een internet- en **sociale media-intelligentieplatform** dat wordt gebruikt om informatie uit miljoenen online-inhoud efficiënt te monitoren, filteren, aggregeren, verzamelen en analyseren. Het helpt organisaties potentiële bedreigingen te identificeren, veiligheidsrisico's te beoordelen, online reputatie te beheren en verdachte activiteiten op het internet en op locatiegebaseerde, niet-gegeolokeerde sociale netwerken die dagelijks worden gepubliceerd, te detecteren.

Voor inlichtingenanalisten kan Media Sonar een uiterst nuttig hulpmiddel zijn, omdat het hen toegang biedt tot realtime gegevens over online gebeurtenissen en trends die gevolgen kunnen hebben voor de veiligheid en reputatie van de organisatie. Het stelt analisten in staat om in te zoomen op informatie en verborgen verbanden tussen verschillende gebeurtenissen en entiteiten bloot te leggen.
Biedt gratis demo's en proefversies voor potentiële klanten.

34. Sysomos

Sysomos wordt door sommige overheidsinstanties gebruikt om gesprekken op meerdere sociale-mediaplatforms over onderwerpen van algemeen belang te volgen en te beoordelen. Dit **sociale luister- en analyseplatform** wordt gebruikt om de publieke perceptie te begrijpen, sentimenten in realtime te interpreteren, opkomende trends te identificeren en de impact van public relations-strategieën te meten.

Sysomos levert gegevens en statistieken die nuttig kunnen zijn voor inlichtingenanalisten, en biedt een gedetailleerd, realtime beeld van hoe het publiek reageert op bepaalde evenementen, onderwerpen of campagnes op sociale media. Hierdoor kunt u kansen, bedreigingen en potentiële uitdagingen identificeren. Hoewel het geen volledige gratis versie biedt, kunnen er demo's worden aangevraagd om de mogelijkheden ervan te verkennen.

35. Tableau

Tableau is een **data-analyse- en visualisatieplatform** waarmee gebruikers interactieve visualisaties en dashboards kunnen creëren op basis van gegevens die zijn opgeslagen in verschillende bronnen, zoals databases, spreadsheets en cloudservices. Het dient om gegevens intuïtief te verkennen en analyseren, patronen, trends en relaties te identificeren en bevindingen effectief te communiceren.

Het is ideaal voor het monitoren van opkomende trends en patronen, omdat het connectoren en extensies biedt die integratie met sociale-mediaplatforms zoals Facebook, Twitter, now X en LinkedIn mogelijk maken. De visualisatiemogelijkheden, geavanceerde analyses en flexibiliteit bij de integratie met andere tools maken Tableau een aantrekkelijke optie. De focus op sociale intelligentie en een diepgaand begrip van gegevens maken het een aantrekkelijke optie voor inlichtingenanalisten.

36. Koepel

Domo is een **data-analyse- en visualisatieplatform** met een intuïtieve interface, ontworpen om relevante gegevens in realtime te verzamelen, voor te bereiden, te presenteren en te delen. Deze tool optimaliseert het informatiebeheer en vergemakkelijkt strategische besluitvorming.

Op het gebied van intelligentie blijkt het een hulpbron van onschatbare waarde te zijn vanwege de doeltreffendheid ervan bij de analyse van grote hoeveelheden gegevens en het vermogen om deze op een visueel aantrekkelijke manier te communiceren. Dit is essentieel voor het identificeren van trends, patronen en relaties in de data, wat kan leiden tot betekenisvolle ontdekkingen en de implementatie van strategische acties. Hoewel het geen permanent gratis versie heeft, biedt het gratis demo's en proefversies voor geïnteresseerde gebruikers.

37. QlikView

QlikView is een **geavanceerde business intelligence-oplossing** ontworpen voor interactieve data-analyse en visualisatie. Het maakt het voor gebruikers gemakkelijk om informatie uit meerdere bronnen te uploaden en stelt hen in staat relaties tussen verschillende datasets te onderzoeken, wat resulteert in diepere inzichten en tijdig weloverwogen beslissingen kan nemen.

Hoewel het geen directe integraties met sociale-mediaplatforms ondersteunt voor real-time analyse van sociale gegevens, biedt QlikView overheidsinstellingen een krachtig hulpmiddel voor gegevensanalyse, dat bijdraagt aan de verbetering van de transparantie en efficiëntie en het effectief beheer van publieke middelen ondersteunt.

Hoe u legaal boeken kunt lezen en downloaden

38. 5boeken

5libros is een platform dat gratis toegang biedt tot **lijsten met aanbevolen boeken** in verschillende literaire genres en thema's, waaronder misdaadromans, politieke thrillers en spionageromans. Bovendien heeft het een aanzienlijke selectie aan inhoud in het Spaans, waardoor het toegankelijk is voor Spaanstalige lezers.

De inhoud van 5libros kan interessant voor u zijn als u meer wilt weten over spionage en inlichtingen, omdat het lijsten biedt met boeken gewijd aan spionagefictie, met titels die de "wereld van geheimhouding" verkennen, uit de tijd vóór de Eerste Wereldoorlog tot vandaag. Deze boeken kunnen een fascinerend en vermakelijk inzicht bieden in moderne inlichtingendiensten en -diensten en geheime operaties.

39. InfoLibros.org

InfoLibros.org is een online bibliotheek die gratis toegang biedt tot een uitgebreide en bijgewerkte **catalogus met boeken in PDF-formaat** . Ontworpen om kosteloos de passie voor lezen en kennis te bevredigen. Op InfoLibros.org kun je boeken vinden over allerlei onderwerpen, waaronder klassieke literatuur, wetenschap, filosofie, kunst, talen en meer. die boeken kunnen bevatten die verband houden met spionage en inlichtingen. Bovendien biedt de pagina lijsten met de meest gedownloade boeken en kunt u deze snel downloaden zonder registratie.

Als u geïnteresseerd bent in het verkennen van hun collectie of meer informatie wilt over hoe u toegang krijgt tot de boeken, kunt u hun officiële website bezoeken. Het is een waardevolle hulpbron voor lezers van alle leeftijden en met uiteenlopende interesses, vooral voor degenen die hun kennis willen uitbreiden of van literatuur willen genieten zonder daarvoor kosten te maken.

40. PlanetaLibros.net

PlanetaLibro.net is een **virtuele bibliotheek** waarmee u **gratis boeken online kunt lezen en deze ook kunt downloaden.** De catalogus bevat meer dan 70.000 titels, waaronder 15.000 boeken uit het publieke domein. Ze hebben een grote verscheidenheid aan genres, van romans tot sciencefiction, fantasy, literatuur voor kinderen en adolescenten, geschiedenis, klassiekers en romantiek.

De inhoud van PlanetaLibros.net kan interessant zijn om meer te weten te komen over spionage, inlichtingen en aanverwante onderwerpen. Veel werken op de site onderzoeken spionagecomplotten en bieden een onderhoudende en boeiende kijk op deze wereld. Vanwege de grote verscheidenheid aan genres en auteurs zul je waarschijnlijk verschillende perspectieven vinden op het onderwerp spionage en intelligentie.

41. Europese Digitale Bibliotheek

De Europeana Digitale Bibliotheek is een online platform dat gratis toegang biedt tot een groot aantal Europese **culturele en erfgoedbronnen** . Biedt een breed scala aan gedigitaliseerde inhoud, waaronder boeken, foto's, manuscripten, kunst, muziek, audio- en videobestanden en nog veel meer .

De inhoud is relevant voor het leren over spionage, inlichtingen en aanverwante onderwerpen vanwege het brede scala aan culturele en erfgoedbronnen die verband houden met historische gebeurtenissen, conflicten en Europese geopolitiek. Van historische documenten tot foto's, kunst en literatuur: ze kunnen in de loop van de tijd unieke perspectieven bieden op inlichtingen- en spionagestrategieën, waardoor rijke analyses vanuit diverse historische en culturele perspectieven mogelijk zijn.

42. Wereld digitale bibliotheek

De World Digital Library is een samenwerkingsproject dat **culturele schatten en historische documenten uit de hele wereld samenbrengt** . Hierin vindt u een uitgebreide collectie boeken, foto's, kaarten, opnames en historische documenten. Het is een initiatief van UNESCO en de United States Library of Congress dat gratis toegang biedt tot onder meer oude manuscripten, zeldzame boeken, historische kaarten, foto's, audio- en video-opnamen en kranten.

Deze gratis toegang vergemakkelijkt de verkenning en studie van onderwerpen als spionage en inlichtingen door een breed scala aan historische documenten aan te bieden die mondiale perspectieven op dergelijke zaken kunnen bieden, waardoor onderzoekers gebeurtenissen en activiteiten met betrekking tot spionage in verschillende perioden van meer dan 10.000 jaar kunnen onderzoeken. van de geschiedenis en in diverse culturen en talen.

43. Miguel de Cervantes virtuele bibliotheek

De virtuele bibliotheek Miguel de Cervantes is een baanbrekend project in de Spaanse taal dat een uitgebreide bibliografische collectie herbergt. Hier vindt u werken uit de literatuur, geschiedenis, wetenschap en meer. De toegang is geheel gratis en
U kunt **legaal duizenden digitale boeken downloaden** over taalkunde, klassieke en hedendaagse literatuur, geschiedenis, kunst, wetenschap en meer. Bovendien heeft u toegang tot het digitale uitleenplatform om titels van uitgevers over de hele wereld te ontdekken en deel te nemen aan virtuele lees- en filmclubs.

De bibliotheek biedt professioneel gesproken Spaanse audioboeken, databases, woordenboeken, encyclopedieën en ander elektronisch materiaal. Bovendien kan de gevarieerde inhoud ervan een historische en culturele context bieden over onderwerpen als spionage en inlichtingen, waardoor de analyse van literaire werken en historische documenten met betrekking tot deze onderwerpen mogelijk wordt.

44. Project Gutenberg

Project Gutenberg is een initiatief dat auteursrechtvrije boeken in verschillende talen, waaronder Spaans, verzamelt en distribueert. Deze digitale bibliotheek **biedt gratis en legale toegang tot ruim 70.000 boeken in verschillende talen** . In de Spaanse sectie vind je literaire klassiekers, werken van gerenommeerde auteurs, luisterboeken, afbeeldingen en muziek. Bovendien geeft het je de mogelijkheid om mee te werken aan het project. Het doel is om overal ter wereld gratis toegang te bieden tot literaire en educatieve werken via internet.

Hoewel het zich niet specifiek richt op spionage- en inlichtingenonderwerpen, omvat de uitgebreide collectie fundamentele werken op deze gebieden, zoals historische verhandelingen over spionagetactieken, inlichtingenanalyses en biografieën van relevante figuren op het gebied van de nationale veiligheid.

45. Internetarchief

Internetarchief is een **virtuele bibliotheek waarin websites worden opgeslagen** en andere culturele artefacten in digitaal formaat. Het belangrijkste doel is het behoud van digitale bestanden van mondiaal belang. Dit platform, opgericht als een non-profitorganisatie in 1996, slaat miljoenen boeken, audio, video's, films, audioboeken, software, kranten, vrijgegeven documenten, overheidsrapporten en nog veel meer op, in verschillende talen. Alle inhoud is gratis en legaal, waardoor het een uitstekende bron is voor het onderzoeken en leren over verschillende onderwerpen, waaronder spionage, inlichtingen en andere gerelateerde onderwerpen.

Met samenwerkingsprojecten zoals OpenLibrary is dit portaal een van de belangrijkste digitale opslagplaatsen ter wereld geworden. Omdat u hiermee online kunt genieten of alle inhoud vanuit elk land kunt downloaden. Bovendien kan iedereen met een gratis account samenwerken door multimediamateriaal naar het platform te uploaden. Maar het beste hulpmiddel is de emblematische **" Wayback Machine"** , waarmee u gegevens uit het verleden kunt ophalen, meer dan 866 miljard webpagina's kunt verkennen die in de loop van de tijd zijn opgeslagen en terug kunt gaan naar wat ze hebben gepubliceerd, zelfs als de pagina momenteel niet meer bestaat.

46. Wikibron

Wikisource is een samenwerkingsproject van de Wikimedia Foundation dat een grote **verzameling originele en vertaalde teksten in elke taal beheert** . Alle inhoud is gratis en legaal toegankelijk en te gebruiken, aangezien deze is gepubliceerd onder licenties zoals GFDL (GNU Free Documentation License), vrije softwarelicenties, Creative Commons of werken uit het publieke domein zijn. In het Spaans kun je een verscheidenheid aan inhoud vinden, waaronder klassieke literatuur, historische documenten, essays, wetten en meer.

Met betrekking tot spionage, inlichtingen en aanverwante onderwerpen kan Wikisource een waardevolle bron zijn van vrijgegeven documenten, internationale verdragen, overheidsrapporten en andere primaire bronnen die gedetailleerd inzicht bieden in de geschiedenis en praktijk van inlichtingen en de nationale veiligheid. Je kunt ook ontdekken hoe spionage werkte tijdens de Koude Oorlog, de inlichtingenstrijd tussen de Verenigde Staten en de Sovjet-Unie, en de technologische vooruitgang die werd gebruikt bij surveillance en het verwerven van geheimen.

47. Amazon Kindle

Amazon Kindle is een **digitaal leesplatform** dat een ruime keuze aan e-boeken biedt in meerdere talen, waaronder Spaans. Daarin vindt u een verscheidenheid aan inhoud, van klassieke literaire werken tot hedendaagse boeken en gespecialiseerde teksten. Hoewel aan sommige boeken kosten verbonden zijn, heeft het platform een enorme catalogus met gratis boeken die legaal kunnen worden gedownload, die vaak onopgemerkt blijven door gebruikers.

Boeken in het publieke domein zijn werken die niet langer auteursrechtelijk beschermd zijn en daarom kun je ze legaal gratis raadplegen op verschillende platforms, waaronder de Kindle van Amazon. Deze collectie omvat een breed scala aan klassieke literatuur, van werken van Shakespeare tot romans van Dickens en Austen, maar ook historische en wetenschappelijke teksten. Deze boeken zijn een geweldige manier om toegang te krijgen tot een schat aan kennis en cultuur zonder uw budget te overschrijden. Bovendien kunnen ze over onderwerpen als spionage, inlichtingen, technologie en cyberveiligheid waardevol historisch inzicht bieden via militaire verdragen, spionageverhalen en andere relevante teksten.

48. AppleBooks

Apple Books is een door Apple ontwikkeld **digitaal leesplatform** met een ruime keuze aan e-books en audioboeken in meerdere talen, waaronder Spaans. Daarin kun je alles vinden, van hedendaagse bestsellers tot literaire klassiekers, maar ook non-fictie, academische en gespecialiseerde of onderzoeksboeken, biografieën van agenten en leiders, analyses van historische gevallen en inlichtingentechnieken, die een brede en verrijkende visie bieden op verschillende onderwerpen die interessant zijn voor zijn miljoenen lezers.

Hoewel het een betaald abonnement is, bieden ze je voor elk nieuw apparaat dat je instelt een gratis proefperiode van Apple Books voor een bepaalde periode, waar je mogelijk nog geen gebruik van hebt gemaakt. Bovendien heeft het platform een winkeltabblad genaamd 'Onze selectie gratis boeken '. Het is een enorme catalogus die ze voortdurend bijwerken, zodat je er online van kunt genieten of gratis legaal kunt downloaden.

49. LibriVox

LibriVox is een **online bibliotheek met gratis audioboeken in 47 verschillende talen** , gemaakt door vrijwilligers over de hele wereld die lezingen opnemen van boeken waarop geen auteursrechten rusten of die zich al in het publieke domein bevinden. Het wordt beschouwd als een project voor "akoestische bevrijding", met de missie om boeken ook toegankelijk te maken door te luisteren.

Vanaf februari 2023 waren er 42.919 audioboeken beschikbaar om naar te luisteren en te downloaden in mp3-formaat. Hoewel een hoog percentage van de collectie in het Engels is, is Spaans de vierde taal met de grootste aanwezigheid op het platform, met meer dan 900 titels van alle literaire genres, waardoor gebruikers van hun favoriete werken kunnen genieten. Bovendien accepteert LibriVox vrijwilligers om gratis audioboeken in het publieke domein te lezen, wat een fascinerende ervaring kan zijn als je de tijd, het talent en de interesse hebt om bij te dragen aan dit goede doel.

50. EBiblio

EBiblio is een **Spaans digitaal platform** dat de deuren opent naar een wereld van kennis en gratis en legale toegang biedt tot een grote verscheidenheid aan inhoud. Van e-boeken en audioboeken tot tijdschriften en kranten, alles is beschikbaar voor gebruikers van openbare bibliotheken met een kaart. U kunt op elk apparaat van deze bronnen genieten, dankzij een dienst die wordt gepromoot door het Ministerie van Onderwijs, Cultuur en Sport, in samenwerking met de autonome gemeenschappen.

In eBiblio vindt u materiaal in het Spaans over een groot aantal onderwerpen, van literatuur en wetenschap tot geschiedenis en specialiteiten zoals spionage en inlichtingen. Vooral deze laatste categorie is fascinerend, met werken die je onderdompelen in de geschiedenis, technieken en gevallen van spionage, waardoor je een solide basis krijgt om over deze intrigerende onderwerpen te leren. Met de steun van het openbare bibliotheeksysteem garandeert eBiblio u kwaliteit en volledig legale inhoud.

51. DomeinOpenbaar BR

Dit portaal is een **virtuele bibliotheek** die wordt beheerd door het Braziliaanse ministerie van Onderwijs. Het biedt gratis toegang tot een ongelooflijke verzameling van meer dan 123.000 werken, inclusief teksten, geluiden, afbeeldingen en video's die zich in het publieke domein bevinden of waarvan de openbaarmaking is geautoriseerd. Sinds de lancering in 2004 is het de grootste virtuele bibliotheek in Brazilië geworden.

Domínio Público BR stelt u literaire, artistieke en wetenschappelijke producties ter beschikking, zoals de volledige werken van Machado de Assis , de rijke Braziliaanse wetenschappelijke muziek, de ontroerende poëzie van Fernando Pessoa en kinderliteratuur in het Portugees, naast vele andere juweeltjes. Het is een bron van onschatbare waarde voor studenten, onderzoekers en iedereen die graag een breed scala aan culturele en educatieve inhoud wil verkennen. Als je hun collectie wilt verkennen, kun je hun website bezoeken en werken zoeken op categorie, auteur, titel of taal.

52. Z-bibliotheek

Z-Library is een **platform voor het delen van bestanden** die toegang biedt tot artikelen uit wetenschappelijke tijdschriften, educatieve teksten en boeken van algemeen belang. Het is ontstaan als een spiegel van Bibliotheek Genesis, maar de meeste boeken zijn afkomstig van individuele gebruikersbijdragen, met als missie literatuur voor zoveel mogelijk mensen toegankelijk te maken. Dit heeft geleid tot een aantal auteursrechtzaken en meer dan eens werden ze geconfronteerd met domeinbeperkingen of moesten ze beschermd materiaal verwijderen.

Dit portaal biedt gratis toegang tot een enorme verscheidenheid aan inhoud in bijna alle talen, beschikbaar in PDF-, ePub- of audioformaat. Je vindt literaire genres variërend van fictie tot non-fictie, waaronder klassiekers, poëzie, essays en meer. Daarnaast is er een speciaal gedeelte voor kinderen en jongeren, evenals tijdschriften, kranten en documenten in het Spaans. Als u meer wilt weten over spionage en inlichtingen, kunt u gerelateerde werken verkennen in de uitgebreide catalogus.

53. Alexandrië

Elejandría is een webportaal waarmee u **gratis boeken van geweldige auteurs kunt downloaden** in PDF-, EPUB- en MOBI-formaten legaal. Alle boeken die beschikbaar zijn in Alexandrië bevinden zich in het publieke domein of hebben open licenties. De meeste titels zijn in het Spaans, maar er is ook een goede selectie werken in het Engels, Frans, Duits en Italiaans, variërend van klassieke tot hedendaagse literatuur, waaronder auteurs als Cervantes, Calderón de la Barca, Shakespeare en Jane Austen.

Daarnaast vind je zorgvuldig geselecteerde collecties, zoals schrijvers die de geschiedenis hebben gemarkeerd of boeken die zijn verfilmd. Hoewel het niet gespecialiseerd is in onderwerpen als spionage en inlichtingen, biedt Elejandría een waardevolle gelegenheid om deze vakgebieden te verkennen, aangezien het historische teksten en romans bevat die deze onderwerpen vanuit verschillende perspectieven behandelen.

54. Google Boeken

Google Books of "Google Books" is een dienst waarmee u overal ter wereld, in meerdere talen en apparaten, **online boeken kunt zoeken, lezen en kopen** . Google heeft 25 miljoen boeken in zijn database, waaronder duizenden die publiek domein zijn geworden of vanaf het begin vrij toegankelijk waren, en die gratis online kunnen worden gelezen of gedownload.

Bovendien biedt Google Boeken fragmenten en voorbeelden van zelfs auteursrechtelijk beschermde boeken, zodat u de inhoud kunt verkennen voordat u besluit de volledige versies aan te schaffen of toegang te krijgen tot volledige versies die mogelijk beschikbaar zijn op andere portalen die in dit boek worden genoemd. Deze combinatie van gratis en legale toegang maakt Google Boeken tot een waardevol hulpmiddel voor het verkrijgen van publicaties op elk interessegebied.

55. Teksten.info

Textos.info is een open digitale bibliotheek die functioneert als **een gratis publicatieplatform voor auteurs en uitgevers** . Het biedt vanaf elk apparaat met een internetverbinding volledige toegang tot de interessante catalogus, die meer dan 4.000 titels van meer dan 500 auteurs bevat. Gebruikers kunnen legaal en kosteloos boeken zoeken, lezen, delen, beoordelen, becommentariëren en downloaden.

Met Textos.info kunnen auteurs hun werken publiceren en delen om zichzelf vrijelijk bekend te maken en direct en continu contact te onderhouden met hun lezers, waardoor een gemakkelijk, toegankelijk en gratis ontmoetingspunt ontstaat. De catalogus bevat klassieke literatuur, maar ook werken van hedendaagse auteurs zoals Gabriel García Márquez en Julio Cortázar, maar ook non-fictiewerken, toneelstukken, essays, academische teksten en meer. Kortom, elke tekst, ongeacht de aard, oriëntatie of ideologie, heeft een plaats in Textos.info waar deze vrijelijk kan worden gecommuniceerd en gedeeld.

56. Dominicaanse digitale bibliotheek

De Dominicaanse Digitale Bibliotheek is het **digitale portaal van het Dominicaanse erfgoed** , opgericht in 2018 door de Pedro Henríquez Ureña Nationale Bibliotheek, met als doel het opslaan, behouden en faciliteren van de verspreiding en toegang tot de nationale bibliografische en intellectuele rijkdom, afkomstig zowel binnen als buiten de Dominicaanse Republiek. land. Het biedt gratis, legale toegang tot meer dan 12.300 boeken, die u online kunt lezen of downloaden.

De collectie omvat verschillende onderwerpen, met speciale aandacht voor sociale wetenschappen en geschiedenis. Als u nieuwsgierig bent naar spionage of inlichtingen in tijden van dictators of militaire invasies, inlichtingen en aanverwante onderwerpen, kunt u de boeken in deze bibliotheek raadplegen om relevant materiaal in het Spaans te vinden. Houd er echter rekening mee dat de specifieke selectie van titels die verband houden met deze onderwerpen afhankelijk is van de beschikbaarheid in de digitale collectie.

57. Dominicaanse boeken in pdf

Dominican Books in PDF is een initiatief dat zich richt op de **verspreiding van boeken** die Dominicaanse thema's en karakters promoten, ongeacht de taal van de tekst of de nationaliteit van de auteur. Deze digitale bibliotheek werkt op een blogachtig platform en de toegang is volledig gratis voor zowel auteurs als gebruikers. Het heeft een uitgebreide catalogus met **uitverkochte Dominicaanse boeken**, die moeilijk te vinden zijn.

Tot zijn meest interessante werken behoren 'Dominicaanse geschiedenis van de Aboriginals tot de oorlog van april', 'Militaire geschiedenis van Santo Domingo' en een bijna complete verzameling van alles wat er onder meer over Juan Pablo Duarte is geschreven. Het hoofddoel van het platform is het verspreiden van kennis en informatie, waarbij deze als gemeenschappelijke, collectieve en universele goederen worden beschouwd, en tegelijkertijd de bescherming van het auteursrecht wordt bevorderd. Dit initiatief heeft tot doel het nationale historische geheugen te behouden en toegang tot het Dominicaanse culturele erfgoed overal ter wereld mogelijk te maken.

58. Inbelnet

Dialnet is een **open informatiesysteem** die gratis en legale toegang biedt tot meer dan 9 miljoen geïndexeerde academische bronnen uit verschillende kennisgebieden, met speciale nadruk op sociale wetenschappen en geschiedenis. Dit omvat tijdschriften, scripties en ander materiaal, waarvan ruim 570.000 boeken

De inhoud van Dialnet is nuttig voor studenten en onderzoekers die geïnteresseerd zijn in onderwerpen als spionage, inlichtingen, cyberbeveiliging en aanverwante onderwerpen. Dit komt omdat het platform academische werken en gespecialiseerde analyses host die gedetailleerde en goed onderzochte perspectieven op deze velden bieden. Bovendien is een hoog percentage van de multidisciplinaire inhoud in deze database beschikbaar in volledige tekst en in het Spaans.

59. DOAB

De DOAB, of Directory of Open Access **Academic Content Electronic Books**, is een peer-reviewed boeklocatieservice die voor niet-commercieel gebruik gratis, legale toegang biedt tot de metadata van meer dan 26.000 open access-boeken, afkomstig van 370 redacteuren en gedistribueerd in 17 multidisciplinaire vakgebieden in elke taal.

Op dit portaal kun je inhoud in het Spaans vinden die verband houdt met verschillende takken van kennis, waaronder sociale wetenschappen, geschiedenis, politiek en meer. Met betrekking tot intelligentie en aanverwante gebieden biedt de DOAB een selectie boeken die deze onderwerpen vanuit een rigoureus academisch perspectief behandelen, met gedetailleerde analyses, geïnformeerd onderzoek en verschillende theoretische benaderingen.

60. LISANieuws

LISANews is een **portaal gespecialiseerd in nieuws en analyses** over geopolitiek, inlichtingen, cyberveiligheid, criminologie en mensenrechten , gepromoot door het LISA Instituut . Publiceer inhoud in meerdere talen, zodat een wereldwijd publiek toegang heeft tot kritische en relevante informatie.

De site biedt gratis, legale toegang tot een verscheidenheid aan inhoud, waaronder diepgaande analyses, handleidingen en rapporten van experts uit de sector. Daarnaast heeft het een wekelijkse nieuwsbrief waarin het belangrijkste nieuws op het gebied van veiligheid, inlichtingen, cybersecurity, geopolitiek en noodsituaties wordt belicht. Ze hebben ook een podcast genaamd "LISA Code", waar de belangrijkste aspecten van het geopolitieke en inlichtingenpanorama op een eenvoudige en toegankelijke manier worden uitgelegd.

CONCLUSIE

Nu we de pagina's van 'Wat een inlichtingendienst je nooit zal vertellen: 60 belangrijke feiten' afsluiten, krijgen we een dieper, genuanceerder inzicht in de geheime wereld van de inlichtingendiensten. Van de geschiedenis en het doel ervan tot de hedendaagse uitdagingen en toekomstige kansen: dit boek is een onthullende reis geweest door de verwikkelingen van inlichtingendiensten.

We hebben geleerd dat inlichtingendiensten veel meer zijn dan schimmige entiteiten; Het zijn vitale organismen die de samenleving beschermen en dienen, en opereren volgens de principes van noodzakelijkheid en proportionaliteit. Spionage is verre van een overblijfsel uit het verleden, maar blijft essentieel in een wereld waar data net zo waardevol zijn als olie.

De pijlers van intelligentie: het verzamelen, analyseren en genereren van gegevens zijn de basis gebleken waarop de mondiale veiligheid is gebouwd. Contraspionage, terrorismebestrijding en cyberinlichtingenoperaties zijn essentieel om landen te beschermen tegen zowel oude als nieuwe dreigingen.

Maar macht brengt ook verantwoordelijkheid en de behoefte aan transparantie met zich mee. Ethische en juridische uitdagingen vereisen, samen met *big data* management , een delicaat evenwicht tussen veiligheid en privacy. Verantwoording afleggen is niet slechts een ideaal; Het is een praktijk die ervoor zorgt dat macht niet onbeperkt wordt uitgeoefend.

Als we naar de toekomst kijken, is intelligentie niet alleen trendy, maar ook een veelbelovend carrièrepad voor mensen die getalenteerd zijn in data-analyse. Nu er online trainingsbronnen en beurzen beschikbaar zijn, is er nog nooit een beter moment geweest om dit dynamische en essentiële vakgebied te betreden.

Dit boek is meer dan een verzameling feiten; is een leidraad geweest om het cruciale belang van inlichtingendiensten in ons dagelijks leven te begrijpen en hoe ieder van ons op dit gebied kan bijdragen. Met de aanvullende bronnen en belangrijke gegevens die ik heb verstrekt, hoop ik dat elke lezer zichzelf kan uitrusten om zijn onderzoek voort te zetten en zich misschien zelfs aan te sluiten bij de volgende generatie spionnen of inlichtingenanalisten, zoals zij dat willen.

Als u uw mening wilt delen of dit onderwerp verder wilt bespreken, hoor ik dat graag van u. Dat kun je doen in de recensie van dit boek op Amazon, op mijn website www.mujersegura.com of door mij een bericht te sturen op de belangrijkste sociale netwerken met de gebruiker @mujerseguro. Samen kunnen we de complexiteit van elektronisch toezicht onderzoeken en bijdragen aan een veiligere en ethischere digitale toekomst voor iedereen.

AANVULLENDE HULPBRONNEN

Aanbevolen boeken:

1. *"De geheime wereld: een geschiedenis van intelligentie"* - The Geheim Wereld : een geschiedenis van Intelligentie | Christopher Andrew, 2019 https://amzn.to/4afRFjx

2. *"Intelligentie: van geheimen tot politiek"* - Intelligentie : van Geheimen naar Beleid | Mark M. Lowenthal , 2019 https://books.google.com.do/books?id=Fk6YDwAAQBAJ

3. *"De Oranjeverkoper "* - De Oranjeverkoper | Blanca Miosi , 2021 https://amzn.to/43WFs1a

4. *"De Spion"* - Een Espiã | Paulo Coelho, 2017 https://amzn.to/3PFEiko

5. *"Spionageschool"* - Spion School | Stuart Gibbs, 2020 https://amzn.to/3PLHWcO en de complete serie https://amzn.to/3IZTAgo

6. *"De spion die te veel wist "* - El Topo | Tinker Kleermaker soldaat Spion | John le Carré, 2014 https://amzn.to/3IYWLoo

7. *"De kunst van intelligentie"* - The Ambacht van Intelligentie | Allen W.Dulles , 1963 https://amzn.to/3J2st4h

8. *"Geheimen van Navajo Code Talkers"* - Geheimen van de Navajo- code Praters | Rachael L. Thomas, 2023 https://amzn.to/4cC8Ayw

9. *"Vrouwelijke spionnen: intriges en sabotage achter de vijandelijke linies"* - Spion Vrouwen : intriges en sabotage Achter Vijand Lijnen | Laura Manzanera, 2008 https://amzn.to/3TXSEPG

10. *'Onderzoekers: agenten Geheimen "* - Onderzoekers: agenten van SUIT | John Patrick Green, 2020. Engelse versie https://amzn.to/3xpl8Ji Spaanse versie https://amzn.to/3TVujtQ

11. *"Legacy of Ashes: het verhaal van de CIA"* - Nalatenschap van As : De Geschiedenis van de CIA | Tim Weiner, 2007 https://amzn.to/3VKSm09

12. *"De mannen van de mist"* - Pablo Zarrabeitia, 2022 https://amzn.to/3J1Danw

13. *"The Dark Agent: Memoires van een spion geïnfiltreerd door de CNI"* - Anoniem Anoniem et al., 2019 https://amzn.to/3PL7Zkl

14. **"Inés en Joy"** - Almudena Grandes, 2010 https://amzn.to/43WiA1P
15. **"Handleiding voor spionnen: de definitieve handleiding om een echte spion te worden"** - Hoe een spion zijn | Daniel Nesquens , 2022 https://amzn.to/3xvaf97
16. **"De torenhoge toren: Al-Qaeda en de oorsprong van 11 september "** - The Opdoemende Toren: Al-Qaeda en de weg naar 11 september | Lawrence Wright, 2006 https://amzn.to/3TYFsZZ
17. **"Data en Goliath: de veldslagen verborgen om te verzamelen jouw gegevens en controle Jij wereld "** - Data en Goliath: de verborgen gevechten om uw gegevens te verzamelen en uw wereld te controleren | Bruce Schneier, 2016 https://amzn.to/49i9SvL
18. **"Corazón so blanco"** - Een hart zo wit | Javier Marías, 1999 https://amzn.to/3VYjn0f
19. **"Galloperende Spionnen"** - Berry Bees Boek | Kat Le Blanc , 2020 https://amzn.to/4cIDLZ7
20. **"Ik was de spion die van de commandant hield: een filmleven: van de nazi-kampen tot Fidel Castro, de CIA en de moordenaar van Kennedy"** - Marita: The Spion die van Castro hield | Marita Lorenz, 2015 https://amzn.to/49wIzxP
21. **"Inlichtingenfalen: het verval en de val van de CIA"** – " Mislukking van Intelligentie : de achteruitgang en ondergang van de CIA" | Melvin A. Goodman, 2008 https://amzn.to/3PYbNig
22. **"Verantwoording en de wet"** – Transparantie en verantwoording versus geheimhouding in inlichtingen Operaties | Arianna Vedaschi , 2021 https://doi.org/10.4324/9781003168331
23. **"Inlichtingen- en verrassingsaanval: mislukking en succes van Pearl Harbor tot 11 september en daarna"** - Intelligentie en verrassing Aanval | Erik J. Dahl, 2013 https://amzn.to/3THSxGP
24. **"De geheime code: de geschiedenis van codes en ontcijfering"** -De Codeboek : De Geheim Geschiedenis van codes en het breken van codes | Simon Singh, 1999 in het Engels https://amzn.to/3VCOsWP gratis in het Spaans: De geheime codes - Simon Singh (librosmaravillosos.com)

25. *"Gods spion "* - die van God Spion | Juan Gómez-Jurado, 2022 https://amzn.to/3Ua0NRg
26. *"8 verdachten, één schuldige"* - 8 verdachten een dader | Actus Deouf , 2023 https://amzn.to/3J9TDGj

Voorgestelde films

1. **" Herder " –** De goede herder | VS, 2006
2. **"The Spy Catcher " –** De Catcher was een spion | VS, 2018
3. **"Het München"** – München | VS, 2005
4. **"Spionagespel"** – Spionage Spel | VS, 2001
5. **"De spion van de buren"** – Mijn buurman is een spion| De Spion naast de deur | VS, 2010
6. **"De spion die te veel wist"** - El Topo | Verenigd Koninkrijk, 2012
7. **"SEAL- team Zes "** - Geronimo-code: De jacht op Bin Laden | VS, 2012
8. **"Risicovolle leugens"** -Ware leugens | VS, 1994
9. **"Ghosting"** - Ghosted | VS, 2023
10. **"Mijn spion"** - Mijn Spion | VS, 2020
11. **" De 355 "** - Agenten 355 | VS, 2022
12. **" Topaas "** | VS, 1969
13. **"Nul donker Dertig "** - Donkerste Nacht: jacht op Osama Bin Laden | VS, 2012
14. **"Het zwarte boek"** - Zwartboek | HOL, 2006
15. **"Geketend"** - Berucht | VS, 1946
16. **"Enigma ontcijferen"** - De Imitatie Spel | VS, 2014
17. **" Malavita "** - De Familie | Een gevaarlijke familie | VS, 2013
18. **" Vermomde spionnen"** - Vermomde spionnen | VS, 2019
19. **"Zout"** | VS, 2010
20. **"Word slim"** - Word slim | VS, 2008
21. **"Erin Brockovitsj "** | VS, 2000
22. **"De levens van anderen"** – The Levens van Anderen | Duitsland, 2006

23. **"Churchill's spionnen"** - Een oproep naar Spion | VS, 2019
24. **"Geïnfiltreerd"** - De Operatie | FRA, 2019
25. **" Spion : een spion zonder idee"** – Spion | spion | VS, 2015

Onmisbare serie

1. **"De onbreekbare toren"** | De Opdoemende toren (VS, 2018)
2. **" Het Bureau"** - Le Bureau des Légendes | Insiderbureau (FRA, 2015)
3. **" Spooks "** - Militair Intelligentie 5 "MI-5" | Dubbele identiteit: controleer MI5 (VK, 2015)
4. **"Alias"** (VS, 2001)
5. **" De Amerikanen "** | De infiltranten (VS, 2013)
6. **" Patriot "** | Patriot (VS, 2017)
7. **" Brand Kennisgeving "** - Laatste kennisgeving | Vast in Miami | Operatie Miami (VS, 2007)
8. **" Thuisland "** | Krijgsgevangene (VS, 2011)
9. **" Hatoefiem "** - Gevangenen van Oorlog | Krijgsgevangene (ISR, 2011)
10. **" Gevaar Muis "** | De Justice Mouse (VK, 1981)
11. **" De Raketten van Oktober "** - Oktoberraketten (VS, 1974)
12. **" Spion Oorlogen "** - Oorlogsspionnen | Oorlogsspionnen (VK, 2019)
13. **"De Nachtmanager"** - De Infiltrant | (VK/VS, 2016)
14. **" Mevrouw Wilson "** (VK, 2018)
15. **" Carmen Sandiego "** (VS, 2016)
16. **" Tegenhanger "** - Parallel Lives (VS, 2016)
17. **" Berlijn Station "** - Station Berlijn (VS, 2016)
18. **" Verborgen Zaken "** - Geheime Zaken (VS, 2010)
19. **" Eve vermoorden "** (VS, 2018)
20. **"KC Undercover "** - KC Special Agent (VS, 2015)
21. **"Oog in de lucht"** (HKG, 2015)
22. **"Rubicon"** (VS, 2010)
23. **"Condor"** (VS, 2018)
24. **"Alex Rider "** (VK, 2020)

25. " Helemaal Spionnen !" - KC speciaal agent (FRA-CAN, 2001)

Online trainingsportalen

1. **Coursera** Cursus | Diploma's, certificaten en gratis online cursussen https://www.coursera.org/
2. **Udemy** Online cursussen: leer alles in je eigen tempo | Udemy https://www.udemy.com/es/
3. **LinkedIn Leren** Train uw medewerkers en houd hun vaardigheden op peil | LinkedIn Leeroplossingen https://learning.linkedin.com/es-es
4. **edX** Gratis online cursussen van Harvard, MIT en meer | edX https://www.edx.org/es
5. **Women4Cyber Academie** W4C Academie – Women4Cyber Academie https://women4cyberacademy.eu/

Beurzenplatforms

1. **Scholarship Portal** Vind beurzen om uw studie te financieren - ScholarshipPortal https://www.scholarshipportal.com/
2. **Scholarships.com** Vind beurzen voor de universiteit https://www.scholarships.com/
3. **Becasyconvocatorias.org** Beurzen en oproepen voor Latijns-Amerikanen - ByC
4. **Sin Fronteras Scholarships** Universiteit van Toronto Lester B. Pearson International Scholarship Program, 2024 (becas-sin-fronteras.com) https://becas-sin-fronteras.com/
5. **Australië:** Australia Awards Scholarship Program Australia Awards Scholarships | Ministerie van Buitenlandse Zaken en Handel van de Australische overheid (dfat.gov.au) https://www.dfat.gov.au/
6. **Brazilië:** Science Without Borders Science Without Borders-programma – Nationale Raad voor Wetenschappelijke en Technologische Ontwikkeling (www.gov.br) https://www.gov.br/
7. **Canada :** Opkomende Leiders in het Amerika-programma (ELAP) Opkomende Leiders in het Amerika-programma (ELAP) (educanada.ca) https://www.educanada.ca/
8. **China:** Chinese Government Scholarship (CSC) en het Ministerie van Onderwijs (MOE) Internationaal studentenbeurzenprogramma CSC

Scholarships | China Scholarshipraad | Chinese overheidsbeurzen (chinesescholarshipcouncil.com) https://www.chinesescholarshipcouncil.com/es/

9. **Spanje:** Fundación Carolina en MAEC-AECID Scholarship Program Fundación Carolina - Startpagina - Fundación Carolina (fundacioncarolina.es) https://www.fundaciónカrolina.es/
10. **VS:** Fulbright Programma en International Student Scholarship Program (ISB) US Fulbright-programma - startpagina (fulbrightonline.org) https://us.fulbrightonline.org/
11. **India:** University Grants Council of India (UGC). Welkom bij UGC, New Delhi, India https://www.ugc.gov.in/
12. **Israël:** Israel Government Scholarship en MASHAV Scholarship MFA-beurzen voor internationale studenten (academiejaar 2023-2024) | Ministerie van Buitenlandse Zaken (www.gov.il) https://www.gov.il/en/
13. **Japan:** Scholarship Program van de Japanse overheid (Monbukagakusho). MEXT-beurs voor 2025 Ambassade-aanbeveling ｜ Studie in officiële website van Japan https://www.studyinjapan.go.jp/en/
14. **Ministerie van Hoger Onderwijs, Wetenschap en Technologie (MESCYT)** Beurs voor uw toekomst | Jouw talent groeit, het land groeit (becas.gob.do) https://becas.gob.do/
15. **Organisatie van de Amerikaanse Staten (OAS)** "OAS Intelligence Studies Scholarship Program", "OAS Telecommunications Scholarships", het "OAS Cyberwomen Scholarship Program" en de "OAS Cybersecurity Professional Development Scholarships" OAS :: Scholarships (oas.org) https://www.oas.org/es/scholarships/
16. **Organisatie van de Naciones Unidas (ONU):** " *United Nations Fellowships Program* ", " *ITU Scholarship Program* ", en het " *UN Cybersecurity Training Program* ", en "*UN Cyberwoman* " en het " *UN Intelligence and Security Training Program* ". training.dss.un.org - Online cursussen door het Department of Safety & Security van de Verenigde Naties https://training.dss.un.org/
17. **Europese Unie:** Programma's zoals " *Erasmus Mundus* " Erasmus Mundus gezamenlijke masters (studenten) - Erasmus+ (europa.eu) *https://erasmus-plus.ec.europa.eu/es/* " *Marie Skłodowska -Curie Actions (MSCA)*" Home - Marie Skłodowska-Curie Actions (europa.eu) *https://marie-sklodowska-curie-actions.ec.europa.eu/?etrans=es* "EU Cybersecurity Programma " Europees Competentiecentrum en netwerk voor cyberbeveiliging (europa.eu) https://cybersecurity-centre.europa.eu/index_en
18. **Fundación Carlos Slim-** jurken - Fundación Carlos Slim | Fundación Carlos Slim (fundacioncarlosslim.org) https://fundacióncarlosslim.org/

19. **Fundación Fulbright-** ervaring met studeren in de VS (state.gov) https://educationusa.state.gov/
20. **Rockefeller RF-stichting** | Thuis (rockefellerfoundation.org) https://www.rockefellerfoundation.org/
21. **Fundación Open Society** Grants en Fellowships van de Open Society Foundations - Open Society Foundations
22. **Google** Bouw aan uw toekomst met Google https://buildyourfuture.withgoogle.com/scholarships
23. **Microsoft** Microsoft Learn: ontwikkel vaardigheden die deuren openen in uw carrière https://learn.microsoft.com/es-mx/

Platformen om gratis complete films en series te bekijken

1. **Tubi** https://gdpr.tubi.tv/
2. **Filmin** https://www.filmin.es/
3. **Amazon Prime Video** https://www.primevideo.com/
4. **Apple TV** https://www.apple.com/la/apple-tv-plus/
5. **Rakuten TV** https://www.rakuten.tv/es
6. **Google TV** https://tv.google/intl/es_es/
7. **Tivificeer** www.tivify.es
8. **Pluto TV** https://pluto.tv/
9. **Hulu** www.hulu.com
10. **Disney Plus** https://www.disneyplus.com/
11. **Star Plus** https://www.starplus.com/
12. **Vudu** https://www.vudu.com/
13. **Netflix** https://www.netflix.com/
14. **HBO MAX** https://www.max.com/
15. **SerieLAN** https://serieslan.com/
16. **Plex** https://www.plex.tv/es/
17. **Tegen** https://acontraplus.com/
18. **Kijk gewoon** https://www.justwatch.com/es
19. **Filmaffiniteit** https://www.filmaffinity.com/es
20. **Peliplat** https://www.peliplat.com/es

21. BBC iPlayer https://www.bbc.co.uk/iplayer
22. VIX https://vix.com/

Portalen om legaal boeken te lezen en te downloaden

23. **5libros** https://5libros.net/
24. **InfoLibros.org** https://infolibros.org/
25. **PlanetaLibros.net** https://planetalibro.net/
26. **Europeana Digitale Bibliotheek** https://www.europeana.eu/es
27. **Wereld digitale bibliotheek** https://www.loc.gov/
28. **Miguel de Cervantes virtuele bibliotheek** https://www.cervantesvirtual.com/
29. **Project Gutenberg** https://www.gutenberg.org/
30. **Internetarchief** https://archive.org/
31. **Wikibron** https://es.wikisource.org/
32. **Amazon Kindle** https://amzn.to/3yDKtjn
33. **Apple Boeken** https://www.apple.com/apple-books/
34. **LibriVox** https://librivox.org/
35. **EBiblio** https://www.cultura.gob.es/cultura/areas/bibliotecas/mc/eBiblio/inicio.html
36. **Z-bibliotheek** https://z-lib.id/
37. **Elejandria** https://www.elejandria.com/
38. **Google Boeken** https://books.google.es/
39. **Textos.info** https://www.textos.info/
40. **Dominicaanse Digitale Bibliotheek** https://biblioteca.agn.gob.do/

41. **Dominicaanse boeken in pdf**
    https://issuu.com/librosdominicanosenpdf
    https://www.calameo.com/accounts/5815804

42. **Dialnet** https://dialnet.unirioja.es/

43. **DOAB** https://www.doabooks.org/

44. **LISANieuws** https://www.lisanews.org/

Hulpmiddelen en software

45. **Hootsuite** Marketing- en beheertool voor sociale media (hootsuite.com) https://www.hootsuite.com/

46. **Buffer** Buffer: alles wat u nodig heeft voor sociale media voor kleine bedrijven https://buffer.com/

47. **Merkhorloge** Brandwatch Invloed – Productdemo | Merkhorloge https://www.brandwatch.com/

48. **Sprout Social** Sprout Social: oplossingen voor sociale redes https://sproutsocial.com/es/

49. **Praatloper** Talkwalker - Plataforma biedt informatie over consumenten https://www.talkwalker.com/es/

50. **Smeltwater** Smeltwater: media, sociale en consumenteninformatie https://www.meltwater.com/en

51. **Crimson Hexagon** merkhorloge

52. **Palantir** https://www.palantir.com/

53. **Dataminr** Realtime gebeurtenis- en risicodetectie - Dataminr https://www.dataminr.com/

54. **Media Sonar** Digitale risicodetectie en webintelligentie | Mediasonar https://mediasonar.com/

55. **Tableau** Software voor bedrijfsinformatie en analyse | Tableau https://www.tableau.com/es-es

56. **Domo** Domo -diagrammen, visualisaties en dashboards https://www.domo.com/es/

57. **QlikView** QlikView – Interactieve en krachtige analyses en dashboards | Qlik https://www.qlik.com/es-es/

58. **DataCamp** Leer datawetenschap en kunstmatige intelligentie online | DataCamp https://www.datacamp.com/es

59. **CEPD** https://www.edpb.europa.eu/sme-data-protection-guide/home_en

60. **Europees Comité voor gegevensbescherming** (bindende besluiten) https://www.edpb.europa.eu/our-work-tools/consistency-findings/binding-decisions_en